AF124535

Martin **Fährmann-Hanek**

Stille Rebellion
im Klassenzimmer

ein heilpädagogischer Ratgeber
für Schule und Elternhaus

Bibliografische Information der Deutschen Nationalbibliothek:

Die Deutsche Nationalbibliothek verzeichnet diese Publikation in der Deutschen Nationalbibliografie. Detaillierte bibliografische Daten sind im Internet über http://www.d-nb.de abrufbar.

Gedruckt in der Europäischen Union auf umweltfreundlichem, chlor- und säurefrei gebleichtem Papier.

© 2024 novum Verlag

ISBN 978-3-99146-915-5
Lektorat: Leon Haußmann
Umschlagfoto:
Tatyana Tomsickova | Dreamstime.com
Umschlaggestaltung, Layout & Satz:
novum Verlag
Innenabbildungen: Frau Beate Hanek

Die vom Autor zur Verfügung gestellten Abbildungen wurden in der bestmöglichen Qualität gedruckt.

www.novumverlag.com

INHALTSVERZEICHNIS

VORWORT

Wie lernen Kinder? Wie löst man Konflikte? Was brauchen Kinder, um zu wachsen? Ich habe mich zeitlebens mit Pädagogik beschäftigt. Dabei wollte ich anfangs nie Lehrer werden. Zu tief lagen meine Enttäuschungen, die ich selbst von der Schule hatte. Aber Enttäuschungen können eine Triebfeder sein, um nach den Gründen zu suchen, wie es dazu kam und zu forschen, wie es besser sein könnte. Also studierte ich mit 46 Jahren noch einmal Sonderpädagogik, um diesen Fragen auf den Grund zu gehen. Erst danach hatte ich das Gefühl, Kinder wirklich zu verstehen. Im Studium lernte ich Prof. Dr. Werner Bleher kennen, dem ich an dieser Stelle herzlich danken möchte, da er so freundlich war, mein Manuskript auf seine fachliche Qualität zu überprüfen. Die größten Lehrmeister waren für mich jedoch die Kinder, die sich mir in meiner Schullaufbahn unbequem in den Weg stellten. Als ich lernte, meine Ziele im Zusammensein mit Kindern loszulassen und nach kreativen Lösungen zu suchen, während wir im Konflikt waren, passierten unerwartete Dinge, die mich so sehr überraschten, dass ich sie aufschrieb. Ich liebe ungewöhnliche Erfahrungen, die mir einen neuen Blick auf die Wirklichkeit geben. Auf diese Weise sammelte ich viele Geschichten, die letztlich zu diesem Buch führten. Es ist ein Erfahrungsbuch, mehr als eine wissenschaftliche Arbeit. Ich möchte damit Eltern, Lehrpersonen und Erwachsene, die neugierig auf Kinder sind, ansprechen und einladen, mit mir diese Erfahrungen zu teilen. Das Buch enthält auch viele Tipps, Übungen und Spiele, um eigene Erfahrungen zu sammeln. Ein Buch von der Praxis für die Praxis.

Martin Fährmann-Hanek
im Frühjahr 2024

EINLEITUNG

Viele Menschen glauben, dass Kinder dazu da sind, gehorsam und folgsam zu sein. Die Erwachsenen meinen zu wissen, was für ein Kind gut ist. Daher geben sie alles vor. Also ist keine Widerrede, kein eigener Standpunkt möglich. Ich habe es selbst als Kind so erlebt. Auf meine Frage an meine Eltern, was sie sich zu Weihnachten wünschten, gab es immer nur eine Antwort: liebe Kinder. Anfangs war es für mich einleuchtend, denn ein Kind möchte in der Regel auch lieb sein. Es ist voller Liebe. Doch folgsam und lieb sein, ohne Bezug zu einer bestimmten Handlung, macht Kinder misstrauisch. Es ist kein harmloser Wunsch, denn als Kind spürt man, dass etwas faul daran ist, immer folgsam zu sein und zu gehorchen, selbst wenn man nicht von jeder Anweisung überzeugt ist. Blinder Gehorsam sollte eigentlich längst überholt sein, und doch erzwingen viele Eltern den Gehorsam ihrer Kinder. Es gibt mehr Eltern als gedacht, die mit ihren Kindern deswegen Schwierigkeiten haben. Nach einer Studie der Uni Freiburg im Herbst 2022 mit 1013 Eltern erleben 50 % aller Kinder in der Schweiz häusliche Gewalt.[1] Eltern, die körperliche und psychische Gewalt an ihren Kindern ritualisiert ausüben, gaben sogar häufig an, dass sie sich dabei im Recht fühlen. Besonders erschreckend ist, dass die große Mehrheit der Eltern glaubt, dass psychische Gewalt erlaubt sei, wenn Kinder älter sind. Anschreien oder Ignorieren werden dann sogar häufig als legal angesehen.

Lieb sein und gehorchen kann nicht die Aufgabe eines Kindes sein. Kinder wollen *freiwillig* gehorchen, weil sie an die

---

1 kinderschutz.ch/kinderschutz-schweiz/aktuelles/
kampagne-emmo-2022

Erwachsenen und ihre Mission glauben. Sie ordnen sich gerne unter, wenn sie sich gesehen fühlen und gemocht werden. Sie wollen verstehen, warum bestimmte Dinge getan und gelernt werden müssen. Kinder sind kreative Wesen, die darauf brennen, in alle Probleme des Lebens mit einbezogen und ernst genommen zu werden. Sie wollen an den Problemen des Lebens wachsen und erfahren, wer sie selbst sind. Sie wollen mit den Erwachsenen kreativ kooperieren. Daher ist Kreativität eine bessere Antwort auf die sprudelnde Lebendigkeit von Kindern als Kontrolle und Zwang.

Aus Sicht der Kinder ist ihre Lebendigkeit ihr natürliches Naturell. Aus Liebe zu ihren Eltern unterdrücken sie oft diese Lebendigkeit. Sie versuchen, den Ansprüchen ihrer Eltern zu genügen, indem sie sich bemühen, gute Noten nach Hause zu bringen und alles tun, was die Eltern ihnen raten. Dabei bleiben ihre Bedürfnisse aber oft auf der Strecke. Sie scheitern an ihren eigenen Ansprüchen und verlieren den Mut, wenn die Noten nicht mehr stimmen. Im Stress eines durchorganisierten Alltags verlieren sie allmählich ihr Kindsein und eine zunehmende Anzahl von Kindern gerät ins Burnout.[2]

Aus Sicht der Erwachsenen stören Kinder, wenn Eltern ihren wohlverdienten Feierabend haben und die Lebendigkeit der Kinder nicht dazu passt. Sie wollen endlich selbstbestimmt diese arbeitsfreie Zeit genießen und ärgern sich, wenn ihre Kinder intensiv ihre Bedürfnisse einfordern. Andere Eltern reagieren heftig, weil sie das Verhalten des Kindes irrtümlich als Angriff auf ihre Autorität interpretieren. Alles ist verständlich. Elternschaft ist eine große Herausforderung. Sie beginnt damit, dass Eltern einen zweiten Beruf ausüben müssen, auf den sie sich kaum vorbereiten können: die Kindererziehung. Gleichzeitig beginnt ein Balanceakt zwischen Beruf,

---

2 ksw.ch/gesundheitsthemen/burnout-kinder-jugendliche/

Kinderwelt und Partnerschaft. Eltern werden strapaziert, alle Bedürfnisse in der Familie auszugleichen. In der Schule kommen bald neue Herausforderungen hinzu. Für die Eltern ist gerade das Gröbste geschafft, da fangen ihre Kinder in der Schule plötzlich an zu rebellieren und keiner weiß genau, warum.

Es braucht eine Antwort auf die Herausforderungen, die Kinder in dieser Zeit mit sich bringen. Es braucht auch eine Antwort für Eltern und Lehrpersonen, die sich immer mehr gestresst fühlen. Welche Rolle spielt dabei die Kreativität?

Kreativität spielt meiner Ansicht nach eine äußerst wichtige Rolle in der Erziehung von Kindern, da sie immer mit einer *Öffnung* beginnt. Damit leitet sie die Möglichkeit einer Beziehung ein. Ohne sich füreinander zu öffnen ist die Beziehung eine Farce. Dann spielen Kinder Gehorsam, um ihre Eltern oder Lehrpersonen zu gewinnen. Das ist jedoch für niemanden befriedigend. Die Beziehung ist die Voraussetzung, dass erfolgreiches Lernen überhaupt stattfindet. Kreativität und Beziehung sind die Voraussetzungen, um überhaupt schwierige Situationen lösen zu können. Ohne Kreativität können wir in Konflikten eigentlich gar nichts tun. Wir können nur vorübergehend für Ruhe sorgen. Ohne Beziehung kann man Kinder nicht wirklich verstehen und ohne sie zu verstehen, kann man ihnen nichts vermitteln.

Mir ist als schulischer Heilpädagoge aufgefallen, dass Kinder am besten über kreative Impulse zu erreichen sind. Das liegt an dem Phänomen des kreativen Prozesses. Er hat immer etwas einladend Öffnendes. Er kann uns die Augen öffnen und uns Ideen geben, aus jedem Konflikt wieder herauszukommen. Er öffnet auch dem Kind die Augen und lädt es ein, mit uns in einen Prozess zu gehen.

Davon möchte ich erzählen, sowie von ungewöhnlichen Situationen, die ich erlebt habe, in denen Kreativität der entscheidende Schlüssel war, um die Situation zu retten. Kreativität ist nicht nur ein Lernöffner. Sie schafft als wichtiges Hilfsmittel zwischen Erwachsenen und Kindern das Vertrauen, das für eine Beziehung nötig ist. Darüber hinaus wirkt sie belebend und inspirierend auf den Erwachsenen und bringt ihm den Ausgleich zu seiner Arbeit.

Bei meinen Recherchen über Kreativität im gesellschaftlichen Leben bin ich auf erstaunliche Hinweise gestoßen, welchen hohen Stellenwert Kreativität in Wissenschaft und Wirtschaft hat. Das hat wiederum eine Bedeutung für den Umgang mit Kreativität in der Schule, die die Kinder auf das Leben vorbereiten soll.

Ich habe mich aus diesen Gründen für eine Dreiteilung des Buches entschieden:

1. Erfahrungen aus der **Schulwirklichkeit**, die mich an meine Grenzen gebracht und mir die Augen für Kinder geöffnet haben
2. Das Phänomen der **Balance** im kreativen Prozess und ihre Bedeutung für die Erziehung und die Schule
3. Ein **Blick voraus**: Was die Wirtschaft von den Heranwachsenden erwartet und die Nachhaltigkeit von Kreativität im Leben

Der **1. Teil** erzählt von realen Situationen aus dem Unterricht, von Ausflügen oder Schullagern, die keiner haben möchte. Es sind überraschende Situationen, in denen das Konzept, das einer geplanten Vorbereitung zugrunde lag, nicht mehr gegriffen hat.

In diesen Momenten habe ich am meisten über Kinder gelernt. Im Nachhinein liebe ich diese Geschichten. Während der Situation habe ich dagegen ganz schön geschwitzt. Ich will sagen: Ich kann mich gut in Lehrpersonen und Eltern einfühlen, die an ihre Grenzen kommen. Ich weiß, wie man sich dann fühlt. In diesen Momenten haben mir meine Gaben zur Improvisation und zur Geduld geholfen.

Im **2. Teil** spreche ich von der Balance, in die wir durch wahre Kreativität gelangen. Dazu gehen wir tiefer in den kreativen Prozess hinein. Wir erleben, wieso Kreativität die Lösung für viele Probleme und Konflikte im Leben bietet. Ich habe auf eine Fachsprache weitestgehend verzichtet und fachliche Hintergrundinformationen auf das Nötigste beschränkt. Man muss nicht 100 Bücher lesen, um Kinder verstehen zu können. Viel Wissen entspringt unserem natürlichen gesunden Menschenverstand und der Bereitschaft, Kindern gegenüber immer offen zu bleiben. Die Impulse, die ich hier gebe, können anregen, selbst weiter zu forschen.

Der Blick voraus im **3. Teil** geht in Bereiche, die unser ganzes Leben betreffen. Die Wirtschaft ist ein wichtiger Teil davon. Sie beschäftigt sich schon lange mit dem Thema Kreativität. Wir sehen den Prozess des Unterrichtens und Erziehens aus einer anderen Perspektive, quasi aus der Zukunft, auf die die Kinder zulaufen. Dazu gehört meiner Meinung nach aber auch das Thema Gesundheit und spirituelle Entwicklung.

So viel zum Aufbau dieses Buches. Zum Abschluss möchte ich erwähnen, dass es sich bei allen Erlebnissen um reale Geschichten handelt, die ich fast ausnahmslos selbst erlebt habe. Die Namen der Kinder habe ich unkenntlich gemacht, um sie zu schützen.

Schließlich:
Es gibt einen roten Faden in diesem Buch: Das ist die Kreativität. Ich habe durch die vielen erlebten und gelösten Konflikte mit Kindern den großen Wert der Kreativität kennengelernt.
Ich wünschte mir, sie würde in unserem ganzen Leben regieren.

TEIL 1

SITUATIONEN, DIE KEINER HABEN MÖCHTE

Kapitel 1.1
Wenn es eskaliert

Wenn Kinder stören, fällt zuerst auf, dass sie unsere Pläne kreuzen. Damit beschränken sie uns. Das nervt. Wer mag das schon gerne? Lehrer müssen ihren Unterricht unterbrechen, Eltern brauchen Ruhe nach der Arbeit. Das erfordert viel Geduld und Kraft, die man nicht immer hat. Aus der Sicht des Kindes sieht es ganz anders aus. Sie äußern sich umgehend, sobald der Schuh drückt. Er drückt oft so stark, dass sie es nicht mehr aushalten. Sie können nicht warten, weil ihr Problem in ihren Augen höchste Priorität hat. Das bereitet ihnen eine große Not. Sie können oft nicht einmal sagen, warum sie gerade wütend, traurig oder ungehalten sind.

So entstehen oft Konflikte in der Beziehung.

Im Schmerz gefangen

Es war dieser Moment tiefster Zufriedenheit, der einen erfüllt, wenn man sich auf eine gelungene Geburtstagsfeier vorbereitet hat und meint, an alles gedacht zu haben. Bei einem Schullager mit einer

5. Klasse passierte es. Wir hatten einen langen, anstrengenden Tag hinter uns und freuten uns auf einen entspannten Abend mit einem guten Essen, lustigen Spielen und viel Kinderlachen. Danach würden wir alle müde in unsere Betten fallen und zufrieden schlafen. So dachten wir. Es sollte jedoch ganz anders werden.

Mein Kollege war im Erdgeschoss mit der Vorbereitung des Abendessens beschäftigt, als plötzlich zwei Mädchen aufgeregt zu mir eilten und voller Panik berichteten, dass ein Mitschüler sie umbringen wolle. „Paul sagte, er will am Abend, wenn wir schlafen, in die Küche gehen, sich ein scharfes Fleischmesser holen und uns alle abstechen!" Meine Gedanken überschlugen sich: War er vielleicht schon mit einem Messer auf dem Weg zu den Mädchen? Ich spürte Wut und Empörung: War das der Dank für den schönen Tag, den wir gemeinsam verbracht haben? Vor meinem Auge erschienen in Bruchteilen einer Sekunde Bilder von den Amokläufen in Winnenden und Erfurt. Auch wenn die Worte von Kindern nie auf die Goldwaage gelegt werden sollten, ergriff mich in dem Moment doch eine gewisse Unruhe. Natürlich stand der Schutz der anderen Kinder vor einem potentiellen Amokläufer an erster Stelle. Während ich die Treppen hoch eilte, überlegte ich, was zu tun ist. Ich musste herausfinden, wie ernst es Paul meinte. In der Küche lagen tatsächlich sehr große und scharfe Messer. Die Küche war nicht abschließbar. Ich musste Paul erreichen und herausfinden, was hinter seinen Gewaltfantasien steckt. Mit klopfendem Herzen kam ich im Stockwerk der Jungen an.

Nebengedanken

Auch in schwierigen Momenten laufen bei uns verschiedene Ebenen ab. Neben der Aufregung, die von den Kindern verbreitet wurde, gelang es mir, ruhig zu bleiben. Fieberhaft dachte ich nach. Kinder greifen in ihrer emotionalen Hilflosigkeit oft zu Kraftausdrücken, die sie im beruhigten Zustand nie verwenden würden. Das gibt ihnen ein Gefühl von Stärke. Kinder können aber in höchster seelischer Not auch gewaltige Kräfte entwickeln und viel Unheil anrichten. Man denke an Kinder, die am Ertrinken sind. Das kann sogar für einen Rettungsschwimmer eine Herausforderung sein. Kinder, die sich in ihrem elterlichen Umfeld als hilflos und klein gefühlt und Übergriffe erlebt haben, können in einer anderen Situation überkompensieren und in einen Gewaltrausch kommen, der ihnen das Gefühl gibt, endlich nicht mehr hilflos zu sein. Paul hatte wahrscheinlich eine Traumatisierung erlebt, die im Lager durch eine ähnliche Situation angetriggert wurde.

Wissensecke

Bei Stress wechseln wir von unserem Frontalhirn, das für waches, bewusstes Denken steht, in unser limbisches System. Es ist das Tor zu unseren Emotionen. Hier, tief im Inneren unseres Gehirns, werden alle Emotionen verarbeitet. Hier wird in Stresssituationen entschieden, wie wir reagieren sollen, um uns schnellstmöglich durch Flucht oder Angriff zu schützen. Logisches Denken ist dann unmöglich. Es ist viel zu langsam. Paul wurde von etwas angetriggert. Ein Trigger ist ein Auslöser. Er reaktiviert ein früheres Trauma. Dadurch wird die bedrohliche Situation von früher noch einmal mit gleicher Intensität erlebt. Hintergrund:

Im 2. Weltkrieg reagierten die Soldaten auf die unausweichliche beklemmende Lage in den Schützengräben mit einem Trauma.

Der ohrenbetäubende Lärm einschlagender Granaten war unerträglich. Fliehen war in diesem Moment genauso unmöglich wie anzugreifen. Die Situation wurde unerträglich. In diesem Moment dissoziierten sie. Sie gingen in eine Erstarrung und waren nicht mehr richtig anwesend. Das war eine hilfreiche Lösung des Körpers, um nicht durchzudrehen, um zu überleben. Nach dem Krieg blieb jedoch dieses Verhalten, und viele von ihnen hatten unerklärliche körperliche Reaktionen wie das bekannte Kriegszittern, eine posttraumatische Belastungsstörung, kurz PTBS.[3] Ein Trigger kann für Soldaten sein, wenn sie später in der Therapie zu früh von ihren Erlebnissen erzählen sollen, oder wenn sie in einen engen Raum kommen, der sie an den Schützengraben erinnert. Auch das Miterleben von traumatischen Ereignissen kann eine PTBS auslösen. Die Anzeichen und Symptome von PTBS können Flashbacks, Albträume, anhaltende Angstzustände, Schlafprobleme und emotionale Taubheit umfassen. Durch eine PTBS wurden nach dem Amoklauf in Winnenden einige Polizisten arbeitsunfähig.

Paul hatte eine rote Linie überschritten, die eigentlich nur eine Antwort zuließ: Er musste abgeholt werden. Meine Erfahrung aber hat mich gelehrt, dass es immer von Vorteil ist, mit der eigenen Reaktion zu warten, bis man die Situation voll überblickt hat. Ich zwang mich daher zu Ruhe und Gelassenheit, als ich das Zimmer von Paul betrat.

Ein Freund tröstete ihn gerade, was aber nicht wirklich gelang. Er redete sich dadurch nur immer mehr in seine Gewaltfantasien hinein. Ich bat daher den Freund zu gehen und begann damit, mir alles anzuhören, was er den Mädchen vorwarf. Ich hielt meine eigenen Gedanken und vor allem meine klugen Antworten zurück und bekam dadurch einen Überblick von der Lage. Es wurde schnell deutlich, dass Paul von den Mädchen angetriggert wurde und tief verletzt und traurig war. Die Wut musste raus. Ich zog mich mit ihm in einen geschützten, abgelegenen Raum zurück und hörte weiter zu, lenkte aber das Gespräch durch Fragen immer mehr auf ihn selbst. Dabei kam

---

3 usz.ch/krankheit/posttraumatische-belastungsstoerungen

heraus, wie sehr er unter der Trennung seiner Eltern litt. „Jede Woche muss ich wechseln, erst zu Papa, dann zu Mama. Es gibt keinen sicheren Ort für mich." Schließlich, als alles ausgesprochen war, verwandelte sich seine Wut in eine tiefe Traurigkeit, die er in diesem Rahmen zulassen konnte. Ein Mädchen mit Namen Lotta war anwesend. Sie hatte keine Angst vor seinen Gewaltfantasien. Als Paul seine Gewaltfantasien losließ, brach er in sich zusammen. Da saßen sie: zwei Kinder im Alter von 11 Jahren, das eine ganz aufgelöst in seinem Schmerz, das andere voller Mitgefühl und Anteilnahme vor ihm. Normalerweise gingen sie sich immer aus dem Weg, so wie eben Mädchen und Jungen in diesem Alter sind. Doch in diesem Moment vergaßen beide ihre Rolle und ihre Scheu voreinander. Lotta hatte den ganzen Prozess von Paul begleitet. Sie fühlte nun die Kraft, ihn zu trösten. Paul kauerte sich schluchzend in ihre Arme und ließ sich bereitwillig und ohne Scham von ihr trösten. Der Anblick hatte etwas berührend Echtes und Wertvolles, fast Heiliges. Lotta konnte für einen Moment wie eine Mutter geben, und Paul konnte ohne Scheu nehmen und Frieden finden.

Die gefährliche Situation war mit einem Mal vorbei. Schließlich versprach Paul, die Mädchen ganz in Ruhe zu lassen. Ich fühlte, dass er es ernst meinte, und wir konnten den Tag noch harmonisch beschließen. Ich war anschließend froh, mit einer rigiden Maßnahme gewartet zu haben. Paul war wie verändert. Er hatte wieder zu sich gefunden. Er konnte mit einem klaren Blick sehen, wie sehr er sich verrannt hatte. Ich hatte etwas Neues gelernt:

Durch **stille Zeugenschaft**, in einem **Raum der Sicherheit**, kann in so einem Moment mehr erreicht werden als durch rigide Maßnahmen und viele Worte. Paul wurde in den nächsten Jahren ein nachdenklicher, besonnener Schüler. Ich traf ihn von Zeit zu Zeit und wir lächelten uns verstehend zu.

TIPPs

- Kinder sind auf Geborgenheit im Elternhaus angewiesen. Fehlt ihnen diese, werden sie unausgewogen, da sie sich emotional noch nicht selbst regulieren können. Wir sollten daher ihre Worte nicht auf die Goldwaage legen, wenn sie starke Ausdrücke wählen.
- Kinder, die sich im Stress befinden, sollten aus der Situation befreit werden, indem man mit ihnen den Raum wechselt und sie zu einem Spiel einlädt oder irgendwie ablenkt. Erst später ist es möglich, mit ihnen über den Konflikt zu sprechen, wenn ihr Gemüt sich abgekühlt hat.
- Hinter einem störenden Verhalten liegt meist eine seelische Not und kein absichtliches Fehlverhalten. Die Not zeigt sich oft in einem Ausbruch von Trauer, die auf die Aggression folgt, wenn man warten kann. Kinder sind für Geduld und Zuwendung in diesen Momenten sehr dankbar. Oft ist es besser, erst einmal nur ein stiller Zeuge zu sein, statt zu tadeln oder empört auf die Aggression zu reagieren.

Wenn die Geborgenheit fehlt

Kinder sind elementar auf gute Beziehungen angewiesen. Sie brauchen Geborgenheit und Verlässlichkeit bei Bezugspersonen, die es gut mit ihnen meinen. Das gibt ihnen Halt. Wir sehen leider oft nicht, was ihnen fehlt, wenn sie in die Schule kommen. Es erscheint zuerst wie ein Rätsel, wenn Kinder toben, randalieren oder andere Kinder provozieren. Das Wichtigste in diesem Moment ist, mit dem Kind den Raum zu wechseln und es abzulenken. Es muss sich beruhigen, bevor wir mit ihm reden können.

Horst war in letzter Zeit einfach nicht mehr zu bremsen. Er machte nur noch Schwierigkeiten, konnte den Mund nicht mehr halten und war ständig provozierend und zappelig. Ich hatte bereits alles versucht, um ihm zu helfen und ihm klarzumachen, dass sein Verhalten nicht akzeptabel war, aber nichts schien zu helfen. In solchen Momenten verlasse ich automatisch mein Programm. Ich warte auf eine Eingebung, erst dann gehe ich auf den Schüler zu, um ihn in ein Erlebnis mit hineinzunehmen, von dem ich hoffe, dass es ihn packt und verändert. Bei Horst fiel mir sofort das Musikzimmer ein. Musik hat eine Faszination bei allen Kindern und ich hoffte, dass sie auch Horst begeistern würde. Aber ich war mir bewusst, dass es auch eine riskante Wahl sein könnte, denn Musik hat eine intrinsische Wirkung, die sehr belebend und aufwühlend sein kann. Wir gingen zu den Stabspielen. Ohne viel nachzudenken wählte ich für Horst eine Tonfolge aus, die immer zu einem Grundton passte, den ich spielte. Ich spielte meinen Ton und war gespannt, was passieren würde. Ich musste nicht lange warten. Horst begann sofort zu spielen, allerdings ohne jedes Gefühl. Es war grauenvoll. Aber ich gab nicht auf und wir wechselten die Seiten. Nun musste er den Grundton spielen, während ich darüber improvisierte. Da passierte das Überraschende: Horst gewann Freude an dem einzelnen Ton. Er hörte meine Melodien und wollte ununterbrochen nur den einen Ton wiederholen. Er kam in einen regelrechten Flow und versank in eine in sich gekehrte, innere Ruhe. Der Ton war wie ein Anker im Wirbel der Tonfolgen, die ich spielte. Anscheinend war es genau das, was Horst brauchte, um zur Ruhe zu kommen. So spielten wir über etwa 20 Minuten einträchtig miteinander. Es war wie eine gemeinsame Meditation, die uns beiden half, zur Ruhe zu kommen. Dann war Horst zufrieden. Er legte den Schlegel zur Seite und ging ruhig und entspannt wieder zurück in die Klasse. Es war ein unerwarteter Erfolg und ich merkte, dass die Musik Horst geholfen hat, seine innere Unruhe zu überwinden und wieder zu einem ausgeglichenen und produktiven Schüler zu werden.

Horst war nur mit einem Grundton verbunden, und doch emp-
fand er keine Langeweile. Grundtöne verschaffen dem Hörer
Orientierung. Sie geben Halt. Das ist das, was Horst in seiner
Familie fehlte: Geborgenheit. Gleichzeitig öffnet Musik das Tor
in die Welt der Gefühle. „Melodien und Rhythmen wirken auf
genau jene Hirnregionen, die für die Verarbeitung von Trauer,
Freude und Sehnsucht zuständig sind", sagt die Hirnforschung.[4]
Es ist daher leicht nachvollziehbar, dass gerade Kinder mit emo-
tionalem Förderbedarf so stark auf Musik reagieren.

TIPPs

- Es gibt Fächer wie Musik und Kunst, die von innen her Kinder öffnen können. Das ist von Vorteil, da Kinder in diesen

---

4 Spiegel Nr.31/28.7.03)

Fächern leichter in ihre Gefühlswelt wechseln können. Kinder sprechen auf kreative Angebote besonders gut an.

- Wir sollten Kinder gut beobachten, um herauszufinden, welche Art von Kreativität sie anspricht. Sind sie eher bildhaft oder eher auditiv veranlagt? Werden sie kreativ in der Natur oder eher in ruhigen, reizarmen Räumen?
- Fördern Sie Gelegenheiten, bei denen Kinder elementare Bewegungserfahrungen machen können. Dazu gehören Balancieren, Klettern, Laufen, Springen. Hier können sich Emotionen leicht regulieren und es werden elementare Voraussetzungen gefördert, um später in der Schule beweglich zu denken, warten zu können, Geduld und eine hohe Frustrationstoleranz zu entwickeln.

Unkonventionelle Lösungen

Es gibt Situationen mit besonderen Herausforderungen, die ein spontanes und unkonventionelles Vorgehen der Lehrperson einfordern. Man kann sich auf diese herausfordernden Situationen kaum vorbereiten. Sie sind ein Graus für jeden, der zu 100 % strukturiert vorgehen möchte, da sie jede Struktur über den Haufen werfen. Aber sie bringen Überraschungen und ungewohnte Einsichten über das Wesen des Kindes. Musik bietet dazu kreative Lösungen. Die Situation mit Horst war ein Glücksfall, denn ich war nicht allein in der Klasse. Manchmal lösen Kinder selbst ihr Problem, denn Kinder wissen meist sehr gut, was sie brauchen. Das konnte ich mit Karl erleben, als ich allein in der Klasse Musik unterrichtete.

Karl war ein sehr unkonventioneller Junge. Er liebte alles Aufregende und Krasse, was andere Kinder schockieren kann. Seine Begeisterung und Energie haben mich immer wieder überrascht und beeindruckt. Karl war ein Schüler in der 5. Klasse und hatte ein ziemlich ungewöhnliches Hobby: Seine Eltern hielten viele Schlangen, darunter auch Gift- und Würgeschlangen. Er sprach mit fast zärtlichen Worten von einer Würgeschlange, wenn sie sich eine Maus fing und sie verspeiste. Für ihn war sie wie ein guter Freund und ich musste meine innere Ablehnung gegenüber diesem Hobby verbergen, um nicht seine Begeisterung zu dämpfen. Stattdessen konzentrierte ich mich auf seine Hingabe zur Musik. Erstaunlicherweise konnte ich Karl für das Spielen auf der Ukulele begeistern. Eines Tages wollten wir einen Boogie auf der Ukulele spielen, aber Karl hatte seine Ukulele nicht dabei. Er fluchte und wurde sehr zornig, denn er wollte unbedingt mitspielen. Er lief unruhig durch den Klassenraum und ich befürchtete, dass er die Musikstunde zerstören könnte. Plötzlich war er jedoch verschwunden. Ich bekam Herzklopfen. Soll ich hinterher und ihn suchen und dabei die anderen Kinder allein lassen?

Wir kommen oft selbst in Konflikte, wenn Kinder ihre Bedürfnisse ungehemmt ausdrücken, denn sie lassen sich dann nur noch sehr schwer führen. Ich war auf alles gefasst.

Doch Karl kam mir auf sehr unkonventionelle Weise entgegen.

Er erinnerte sich daran, dass wir uns vor einiger Zeit im Musikunterricht mit der Entstehung von Tönen auf Naturinstrumenten beschäftigt hatten, und er bekam eine Idee, wie er das Problem lösen könnte, kein Instrument dabei zu haben. Unbemerkt verschwand er in der Schulküche und kam kurz darauf mit zwei Weingläsern, gefüllt mit Wasser, in die Klasse zurück. Er hatte sie, ich weiß nicht wie, eigenständig und ziemlich genau auf die Grundtöne G und D gestimmt und konnte nun tatsächlich mitspielen. Erst war ich erschrocken, dass er sich davongestohlen hatte. Doch dann war ich beeindruckt von seiner Kreativität und seinem Einfallsreichtum.

Solch eine Lösung des Problems kann man nicht planen.

In gewissem Sinne kam mir meine Unaufmerksamkeit entgegen.

Ich unterdrückte den Tadel, der mir auf der Zunge lag. So erlebten wir eine ungewöhnliche und äußerst harmonische Musikstunde.

Eine unkonventionelle Reaktion schafft Vertrauen in der Beziehung zwischen Lehrer und Schüler und zeigt, dass wir auch in ungewöhnlichen Situationen gemeinsam eine Lösung finden können.

Musik wirkt stark einladend, mitzumachen. Das liegt vielleicht auch daran, dass alle Menschen angeregt auf Musik reagieren. Es beginnt bereits vor der Geburt, wie Wissenschaftler herausgefunden haben. Der Geiger Yehudi Menuhin hält Gesang sogar für die eigentliche Muttersprache des Menschen (s. o.). Man kann sich vorstellen, warum Musik gerade bei Kindern mit einer emotionalen Störung so öffnend und beruhigend wirkt.

Wenn Schimpfen nichts mehr bringt

Wie viel Energie verschwenden wir damit, gegen die Bedürfnisse der Kinder zu arbeiten? Wir haben meistens die besten Absichten, wenn wir Kinder reglementieren. Kinder brauchen Struktur, aber wie erreichen wir diese? Zum einen: Wir müssen sie mit ins Boot nehmen, Regeln nicht vorgeben, sondern sie mit ihnen zusammen erarbeiten und auswerten. Zum anderen: Kinder sind leichter zur Zusammenarbeit bereit, wenn sie etwas tun sollen, was sie mögen. Künstlerische Fächer helfen dabei, ebenso Sport und Musik. Musik kann intrinsisch, von innen her, helfen, ordnend und strukturierend zu wirken. Wenn wir sie musikalisch gewinnen, sind es der Takt, der Rhythmus und die Melodie, die die Kinder ordnen. Es ist ein Weg, der ohne Sprache Kinder strukturieren kann. Wie wir gehört haben, ist Musik so etwas wie eine Ursprache, die jeder Mensch versteht. Sie wirkt unmittelbar auf das emotionale Zentrum – das limbische Gehirn. Hier sitzen unsere starken Emotionen. Kinder wollen genau hier angesprochen werden. Dann sind sie bereit, sich unterzuordnen.

Einmal entschieden wir uns im Musikunterricht dazu, eine Weihnachtsgeschichte aufzuführen, die erzählt und mit Effektinstrumenten begleitet werden sollte. Ich muss zugeben, dass diese Art des Unterrichtens nicht gerade einfach ist. Es ist eine Herausforderung, die Dosierung der Instrumente so zu steuern, dass die Geschichte nicht untergeht oder zu überladen wirkt. Für den Lehrer ist es schwierig, die Aufmerksamkeit auf jedes Kind gleichzeitig zu richten und dabei den musikalischen Prozess im Blick zu behalten. Immer wieder wurde die Arbeit von ungeduldigen Kindern gestört, die nicht warten konnten und ihr Instrument zu früh spielten. Ich versuchte vergeblich, für Ordnung zu sorgen. Ich war nahe dran, das Projekt abzubrechen.

Der rettende Prozess begann bei mir selbst. Ich hörte einfach auf zu schimpfen. Ich hörte auf, alles im Griff behalten zu wollen, und die Kinder nahmen es dankbar auf. Ich drehte quasi den Spieß um. Statt mich für eine rigide Disziplinierung stark zu machen, bezog ich die Kinder mit ein.

Die Kinder halfen mir dabei, die Geschichte zu einem guten Ende zu führen, indem sie sich aus eigenem Interesse selbst disziplinierten. Sie wollten, dass die Klanggeschichte gelingt, und fingen an, sich nun gegenseitig zu kontrollieren. So entstand ein starker sozialer Prozess, bei dem ich nur noch wenig kontrollieren musste. Ich las nur die Geschichte ganz langsam und betont vor, so dass die Kinder genug Zeit hatten, um darauf zu reagieren. Ich übte mich im Warten, bis alle wieder so weit waren, weiterzumachen. Die Pausen, in denen ich nicht sprach, waren dabei der natürliche Lenker. Sie lernten auf diese Weise viel mehr Selbstdisziplin, als wenn ich sie gemaßregelt hätte.

Es war erstaunlich, wie die Kinder durch die Musik und die anschließende gemeinsame Aufführung zu einem echten Team zusammenwuchsen. Sie lernten spielerisch, aufeinander zu hören, sich gegenseitig zu unterstützen und sich auf die gemeinsame Aufgabe zu konzentrieren. Es war ein schönes Erlebnis, das nicht nur das Verständnis für Musik förderte, sondern auch wichtige soziale Kompetenzen stärkte.

TIPPs

- Kinder lieben große Ereignisse, die zu einer Aufführung kommen und die sie mitgestalten können.
- Kinder wollen in die Prozesse des Erziehens mit einbezogen werden, dann machen sie von sich aus mit. Daher sollte man Regeln mit ihnen möglichst zusammen entwickeln.

Ein Wagnis eingehen

Bei einer anderen Musikstunde eskalierte es, als ein neuer Schüler in die 5. Klasse kam. Er spielte sich auf, um den Mitschülern zu gefallen und störte, wo er nur konnte. Ich sah eine Menge Arbeit vor mir, um ihn zu integrieren. Ich sagte jedoch ganz entspannt zu ihm: „Mir scheint, du möchtest Aufmerksamkeit bekommen." Er war so überrascht, dass er sprachlos dastand und nichts mehr sagte. Ich suchte anschließend in der Pause das Gespräch mit ihm. Er erzählte ganz offen, dass er sich danach sehnt, dazuzugehören und dass er wegen seinem Verhalten schon viele Probleme an einer anderen Schule hatte. Da ich ihm zuhörte, fasste er Vertrauen zu mir. Ich entschloss mich, ein Wagnis einzugehen. Wir probten für eine musikalische Aufführung vor der ganzen Schule und den Eltern. Ich erklärte ihm, dass ich ihn dafür brauche. Er habe eine große Kraft, sich vor der Klasse hinzustellen, die mich beeindruckt. Ich stellte ihm aber in Aussicht, nur mitmachen zu dürfen, wenn er sich an die Regeln hält. Er strahlte über das ganze Gesicht. Wir machten einen Deal miteinander, der mit einem Handschlag besiegelt wurde. Es war ein Wagnis, das mit einer großen Peinlichkeit enden konnte. Aber das Gegenteil geschah. Dieser Junge war von nun an immer der Erste, der bei mir auftauchte, um die Instrumente aufzubauen. Mit großem Engagement wirkte er auf die anderen Kinder ein, wenn diese sich gehen ließen. Er wollte auf keinen Fall, dass wir uns blamieren. Er hatte ein wachsames Ohr für den Zusammenklang und gab sich die größte Mühe. Bei der Aufführung war er am aufmerksamsten dabei. Als wir es geschafft hatten, war ihm mein Urteil wichtig: „Waren wir gut genug?" Ich konnte ihn mit bestem Gewissen loben.

In eigenen Welten gefangen

Wenn einzelne Kinder blockieren, ist das oft Zündstoff für den gesamten Unterricht. Sie können ihn regelrecht demontieren, wenn sie nicht aus ihrer Blockierung herausgeholt werden und durch eine kreative Aufgabe wieder ins Fließen kommen. So eine Blockierung kommt ganz tief von innen. Kinder leben dann in inneren Bildern, die keiner versteht. Dadurch ist keine Beziehung mehr möglich. Die Auswirkung ist katastrophal. Ich durfte jedoch erleben, welche Rolle in diesem Moment die Kunst spielen kann. Farben und Formen regen jedes Kind an, sich damit zu beschäftigen, denn Kinder sind sehr empfänglich für Schönheit. Ich kenne nichts, was Kinder so sehr anregt, schöpferisch tätig zu werden, wie der Umgang mit schönen Farbstiften.

Eines Tages sprach mich eine Kollegin aus der 3. Klasse an, die verzweifelt nach Hilfe suchte. Sie wollte eine Lernkontrolle schreiben, doch ein auffälliges Kind demontierte den Unterricht immer wieder. Die Lehrerin konnte unter diesen Umständen einfach nicht beginnen. Die Schülerinnen und Schüler waren in heller Aufregung. Es waren liebe fürsorgliche Kinder, die gelernt hatten, jeden Mitschüler anzunehmen, wie er ist.

Als ich die Klasse betrete, zeigt sich mir ein bizarres Bild. Tarek scheint in einer eigenen Welt zu leben, zu der niemand einen Zugang hat. Er weigert sich, bei der Lernkontrolle mitzuschreiben. Stattdessen stört er den Unterricht, indem er herumläuft, ohne auf die Lehrerin zu hören. Er nimmt einen Gegenstand von einem Tisch, dann trägt er ihn zu einem anderen. Er lässt die Gegenstände auch gerne irgendwo fallen, fast sogar elegant, zum großen Entsetzen der Kinder. Ein einziges Durcheinander entsteht, denn alle Kinder sind nun damit beschäftigt, ihm und seinem eigenartigen Verhalten die volle Aufmerksamkeit zu geben und nebenbei ihre entwendeten Gegenstände wieder zurückzuholen. Keine Regel beachtet er, keiner Aufforderung gehorcht er. Er lebt ganz in seiner Welt. Welch ein Chaos! Tarek hat sich mit seinem Verhalten inzwischen gut eingerichtet, als ich den Klassenraum betrete. Mir fällt auf, dass das ganze Chaos für ihn wie ein großes Spiel ist. Ich kann keine Anzeichen eines aggressiven Verhaltens erkennen. Er ist nur nicht fürs Lernen aufgeschlossen. Er ist in Räumen eingeschlossen, die nichts mit Schule zu tun haben. Bereitwillig folgt er mir in meinen Raum, als ich ihn zu einem Spiel einlade. Tarek bekommt von mir Farbstifte und ein großes Blatt Papier. Ich habe noch andere Kinder zu betreuen und wage es, ihm keine große Aufmerksamkeit zu geben. Ich sage ihm nur knapp, dass er hier die Gelegenheit hat, zu malen, solange er will, solange er nur die anderen Kinder nicht stört. Ich bin von der Wirksamkeit von Kunst überzeugt. Tatsächlich fängt er sofort an zu malen und dabei leise zu reden. Er vertieft sich immer mehr in sein Bild, während ich mich um meine anderen Kinder kümmere. Es entsteht eine kreative Phase von etwa 30 Minuten, in die ich nur zeitweise immer wieder mit einsteige und sie dezent lenke, indem ich sein Bild betrachte und Fragen stelle zu Farben und Formen, die ich sehe. Tarek ist intensiv bei der Arbeit. Die Farben werden bei ihm zu Wesen, die miteinander kämpfen, streiten und sich wieder versöhnen. Es entsteht vor meinen Augen ein ganzes Psychogramm seiner Problematik. Ich ahne etwas von seinen Sehnsüchten nach Harmonie und auch seinen eigenen Lösungsansätzen. Jetzt müsste man Zeit haben, um mit ihm in einen längeren kunsttherapeutischen Prozess zu gehen. Tarek beruhigt sich immer mehr. Er legt seufzend die Stifte beiseite und blickt auf. Nun wirkt er sehr ausgeglichen und kann wieder in die Klasse gehen, ohne andere Kinder zu stören.

Kinder können im kreativen Prozess nachspielen, was sie bewegt und was sie mit Worten noch nicht ausdrücken können. Dadurch können sie Erlebnisse, die sie beschäftigen, verarbeiten. Tarek konnte beim Malen seine Erlebnisse auch sprachlich ausdrücken, indem er seine Farben beseelte. Bereitwillig erzählte er mir, was er sah. Da kämpfte ein Rot mit einem Grün. Es ging heftig hin und her, bis sich schließlich ein sanftes Blau

um sie legte und für Frieden sorgte. Entspannt schaute er zu mir auf. Ich sah keine Probleme mehr, ihn in seine Klasse zurückzuschicken. Damit wurde Kunst zu einem großen Öffner für seine tieferen Gefühle.

TIPPs

- Das Spiel nimmt eine besonders wertvolle Rolle im Leben von Kindern ein. Alle Kinder spielen gerne, da Kreativität und Spiel ihrem Wesen entsprechen. Spiele fördern Kinder auf vielfältige Weise in ihrer Entwicklung. Wir können sie über das Spiel besonders gut abholen, auch in Konfliktsituationen.
- Wir können Kinder über Spiele am besten zum Lernen einladen, indem wir „Ernstes" in ein Spiel verpacken.

Wenn das Leid zu groß ist

Es ist für Kinder schlimm, wenn sie sich anderen Kindern gegenüber unterlegen fühlen. Wie sollen sie das aushalten, wenn sie spüren, dass sie nie in die Nähe der Leistungen der Klasse kommen, weil sie durch ein körperliches Leiden daran gehindert werden? Eine Strategie ist, dass sie ihr Unvermögen kompensieren. Das Fatale daran ist, dass sie sich in ihrer Schutzzone einbunkern und nicht mehr für Lernimpulse erreichbar werden.

Rudolf ist ein freundlicher, aber unsicherer und ängstlicher Schüler. Er hat ein Augenleiden und kann nicht räumlich sehen. Das muss ihn schon von früher Kindheit an stark verunsichert haben. Es kann natürlich auch andere Gründe geben, z. B. ein dauerndes Unterlegenheitsgefühl gegenüber seinem Bruder, der überall bessere Leistungen bringt. Diese Unsicherheit versucht er mit heftigen emotionalen Ausbrüchen zu kompensieren. Er wirkt noch sehr kindlich, wenn er vor Beginn einer Aufgabe in Mathe versucht, den Anforderungen zu entkommen. Rudolf hat viele Techniken, um vom Thema abzulenken. Er hat große Schwierigkeiten mit Mathematik. Bei ihm sieht es so aus: Sobald wir etwas rechnen und er an eine Verstehens-Grenze kommt, springt er schnell auf und sagt: „Das macht keinen Spaß mehr, ich will was anderes!" Er poltert und verlässt wütend den Raum. Das passiert aber auch, wenn er in einem Spiel nicht gut vorankommt und verliert. Er wirkt ganz labil, leicht reizbar und hoch nervös. Ich begleite ihn bereits seit 2 Jahren. Das Spiel mit seinen Emotionen erfordert viel Geduld. Kleine Erfolgserlebnisse durch einen stark angepassten Unterricht stärken ihn, aber der Hauptgrund für sein Verhalten bleibt über Jahre unverändert bestehen. An einem Morgen, als Rudolf wieder ganz früh die Arbeit abbrechen möchte, sage ich zu ihm: „Ich glaube, wir sollten jetzt mal an etwas anderem arbeiten. Du wirkst hoch gestresst. Damit kann man nicht gut rechnen.

Sollen wir zusammen versuchen, diesen Widerstand zu verringern?" Ich zeige ihm in wenigen Sätzen, wie EFT, eine Entspannungstechnik, funktioniert. Wir probieren verschiedene Sätze aus. Endlich finden wir die passende Formulierung. Unser Satz lautet: Auch wenn ich immer gestresst bin, sobald wir Mathe machen, liebe und achte ich mich, so wie ich bin. Nach einer Übungsreihe zeigt diese bereits bei Rudolf eine Wirkung. Er entspannt sich merklich und wir können arbeiten. Eines Tages kommt er plötzlich ganz munter in den Unterricht und verkündet: „Ich möchte folgende Lernziele: Ich bleibe konzentriert, auch wenn eine Aufgabe schwer ist. Ich laufe nicht weg, wenn ich keine Lust mehr habe." Er besteht darauf, dass ich diese neuen Lernziele aufschreibe und dass wir daran arbeiten. Es wird eine sehr erfreuliche Stunde. Dennoch bleibe ich skeptisch. Zu tief ist er durch seine Unsicherheit in sich gespalten. Einige Monate später bewahrheitet sich meine Sorge. Er ist nicht allein bei mir, noch zwei Mitschülerinnen teilen unsere Stunde. Ich hätte eigentlich wissen müssen, dass er sich ihnen gegenüber minderwertig fühlt. Er verweigert die Zusammenarbeit in einem neuen Stil: Er schreibt in sein Dossier ohne Sinn und Verstand, wild und durcheinander, ein einziges Gekrakel. Auf Ansprache reagiert er nicht. Er ist wieder ganz in seine Emotionen von Minderwert gerutscht. Er reagiert nicht auf freundliche Worte. Stattdessen projiziert er seinen Minderwert auf mich: „In der Klasse ist es viel besser als hier. Selbst bei meinen Eltern lerne ich mehr." Es gelingt mir nicht, ihn in ein konstruktives Gespräch zu verwickeln. Einen Moment spüre ich, dass er mich verletzen will. Doch dann wird mir alles klar und ich sage zu ihm: „Lieber Rudolf, ich merke, dass es für dich nicht passt, mit den beiden Mädels zusammenzuarbeiten. Die nächste Stunde gehört wieder dir ganz allein, abgemacht?" Rudolf guckt vorsichtig unter seiner Deckung hervor und antwortet mit einem Lächeln: „Abgemacht."

Wissensecke EFT

Es gibt emotionale Zentren, die die Neurobiologie im Gehirn entdeckt hat. Emotionen sind aber im ganzen Körper gespeichert. Jeder kann an sich selbst beobachten, was passiert, wenn wir wütend sind. Wir erleben Anspannungen der Muskeln. Besonders deutlich tritt dies in den Schultern und bei den Gesichtsmuskeln hervor. Der ganze Körper kann sich verhärten. Er ist dann wie ein einziger „Closer". Oft hilft in dem Moment kein gutes Zureden. Bei tiefsitzenden Emotionen gibt es eine Methode zur Stressregulierung. Sie heißt Emotional Freedom Technik – kurz **EFT**, deutsch: emotionale Stressregulierung.[5] Die Wut wird dabei nicht unterdrückt, sondern sogar ausgesprochen, während gleichzeitig an bestimmten Körperpunkten geklopft wird. Sie ist gewiss kein Allheilmittel, hat aber in

---

5 eftinternational.org

meiner Arbeit schon viele gute Dienste geleistet, indem sie das verschlossene Energiesystem des Kindes wieder öffnen konnte. Es kommt sehr darauf an, die richtigen Sätze zu finden. Nur dann wirkt EFT. Sätze können treffen, oder auch ganz vorbeigehen. So ging es mir mit Neo aus der 4. Klasse.

Neo hat eine Lese-Rechtschreibschwäche. Er kommt eines Morgens zu mir in meinen Raum. Wir arbeiten mit Silben und Vokalen. Neo zeigt schon bald heftige Ermüdungserscheinungen. Er reibt sich die Augen, legt sich quer über den Tisch und schaut mich flehentlich an. Es gelingt ihm einfach nicht, lange Vokale von kurzen zu unterscheiden. Ich habe den Eindruck, wir müssen das Vorgehen ändern. Ich sage: „Neo, kann es sein, dass du sehr müde bist?" Er weiß nicht recht. Wir arbeiten und klopfen an dem Thema Müdigkeit mit der EFT-Methode. Danach frage ich ihn, ob sich etwas geändert hat? Nein, es ist gleichgeblieben. Ich mache einen neuen Versuch. „Kann es sein", frage ich, „dass du das Thema Deutsch als große Last empfindest?" Er nickt und wir klopfen erneut. Schon nach wenigen Minuten ändert sich sein Gesichtsausdruck. Sein Gesicht klärt sich auf, er wirkt erfrischt und strahlt. Wir arbeiten

nun wieder an den Vokalen und an den Silben. Diesmal klappt es wunderbar: Neo hört die langen und die kurzen Vokale viel besser. Sicher setzt er an der richtigen Stelle die Silbenbögen. In den nächsten Stunden wird er gar nicht mehr so müde.

Das Besondere bei der EFT-Methode ist, dass wir an die tief verborgenen Glaubenssätze gelangen, die uns behindern. Sie sind uns in der Regel nicht bewusst. EFT ist also ein Öffner über den Körper, in dem sich die emotionalen Spannungen speichern.

Von der Emotion getrieben

Kinder können noch nicht alles ausdrücken und regulieren, was ihnen Not bereitet. Das müssen sie erst lernen. Wenn die Worte fehlen, um sich auszudrücken, macht der Körper eigenwillige Sachen, die allesamt stören. Beine zappeln, weil sie aktiv sein wollen. Augen schweifen herum, weil sie nach einer Anregung suchen. Finger tippen unruhig auf der Tischplatte, weil sie etwas greifen wollen. Der Mund läuft förmlich über, weil er so viel zu sagen hat. Oder sie werden aggressiv. Alles drängt danach, in die Öffnung und in die Tätigkeit zu gehen.

Ich unterrichte gerade drei Kinder mit besonderem Förderbedarf, wobei zwei von ihnen sehr hibbelig und unruhig sind. Das eine hat die Diagnose ADHS. Sie sollen still an ihren Aufgaben arbeiten, fallen aber bereits nach wenigen Sekunden immer wieder in ihre Unruhe und Ablenkbarkeit zurück. Dario macht Mundgeräusche, auf die Cecile reagiert. Sie empört sich über Dario, der daraufhin noch mehr Geräusche macht. Jeder kennt das Spiel zwischen Kindern. Ermahnungen bringen da überhaupt nichts. Ich suche einen Timer, übergebe ihn Dario, dem hibbeligsten von ihnen und sage: „Stell ihn auf 15 Minuten ein. Ich bin gespannt, wer es von euch schafft, diese Zeit über still zu arbeiten." Kinder sind immer für einen Wettkampf zu haben. Dario strahlt, denn bisher hat er sich nur als störendes Kind erlebt, in der Schule und zu Hause, dem man ungern eine Aufgabe übergibt. Er stellt hochkonzentriert den Timer ein. Er ist in dem Moment nicht mehr der kleine nervende Unruhegeist. Er hat eine wichtige Aufgabe übernommen. Das macht ihn stolz. Man muss dazu wissen: Dario hat zu Hause keine leichte Situation. Die Eltern sind frisch getrennt. Bei Mama wohnt nun ein fremder Mann, der ihn immer wieder anschreit. Er wird laufend kritisiert, sobald er einen Fehler macht. Dieser Wettkampf erweist sich für alle Kinder als äußerst lustvoll. Alle drei arbeiten an separaten Tischen hoch konzentriert, während ich mich jedem Kind einzeln zuwenden kann. Ich bin besonders wachsam bei Dario, der ständig meine Aufmerksamkeit sucht. Er bekommt sie und strengt sich auch besonders an. Dabei macht er kaum noch Fehler bei seinen Rechnungen. Er will, dass ich sie ständig kontrolliere. Jede richtig gelöste Aufgabe lässt ihn strahlen. Er malt bei jedem Haken, den ich setze, noch eine Blume dazu und rechnet still weiter. So entsteht ein Ausgleich zu den Demütigungen, die er bisher erlebt hat. Als es nach 15 Minuten piepst, ist er

der Erste, der das „Spiel" wiederholen möchte. So geht es insgesamt dreimal. Das ergibt 45 Minuten produktive Stillarbeit. Die Kinder haben sich selbst diszipliniert, wie bei einem Spiel, und haben doch gearbeitet.

Nebengedanke

Was haben Emotionen mit dem Zugang zu einem Kind zu tun? Wir haben bei den vorigen Kapiteln gesehen, dass Kinder sich schnell verschließen und nicht mehr ansprechbar sind. Sie sind in ihrer Emotion gefangen, d. h., sie können sich nicht mehr aus freiem Willen für eine überlegte Handlung entscheiden. Wir sind daher aufgefordert, ihnen zu helfen, aus der Emotion wieder herauszukommen. Das ist ein Prozess des Öffnens. Denken wir an die Gegenspieler Sympathie und Antipathie, so erleben wir hier die Gegensätze vom Öffnen in der Sympathie und dem Schließen in der Antipathie. Das geht im Leben blitzschnell und spielt in vielen Situationen eine wesentliche Rolle, um uns zu orientieren, manchmal sogar, um uns am Leben zu erhalten. Wir brauchen diese Fähigkeiten, um zu spüren, wann Gefahr droht.

Beispiel *Antipathie*: Unser Körper reagiert mit Ekel, um uns vor verdorbener Nahrung zu schützen. Beispiel *Sympathie*: Wir spüren instinktiv, ob wir einem Menschen vertrauen können oder nicht. Beides geschieht viel schneller und effektiver durch unser Bauchgefühl als durch Überlegen und Abwägen. Gefühle über einen Menschen verraten viel schneller und effektiver, ob ich diesem Menschen und dieser Situation trauen kann oder nicht. Gefühle sind daher effektive Schutzmechanismen, die dem Denken weit voraus sind, wenn wir es gewohnt sind, ihnen zu vertrauen. Wenn wir kommunizieren und auf unsere Gedanken und Gefühle achten, nehmen wir ganzheitlich wahr.

Was bedeutet das für den Lernprozess? Ohne Sympathie für den Lernstoff gelingt kein Öffnen und damit kein Lernen. Wenn es mir als Lehrperson gelingt, für die Schüler einen sicheren Lernort zu schaffen, können sich die Kinder sympathisch öffnen. Und das ist gut so, denn positive Emotionen begleiten den ganzen Lernprozess positiv. Sie öffnen uns für das Thema, sodass wir uns leichter damit verbinden können. Das bedeutet, es werden Botenstoffe im Gehirn ausgeschüttet, die hilfreich zum Aufnehmen und Verarbeiten des Lernstoffs sind. Eltern, denen es gelingt, lästige Pflichten wie Hausarbeit und Zähneputzen in ein Spiel zu packen, haben es leichter, ihre Kinder dafür zu gewinnen.

TIPPs

- Geben Sie einem aggressiven Verhalten nicht sofort eine negative Wertung. Aggressionen bekommt ein Kind, weil es in einer tiefen Not steckt und etwas ändern möchte, aber nicht weiß, was angemessen ist.
- Wird in der Familie die Hausarbeit mit Kochen, Putzen und ein „Nest" schaffen genug gewürdigt?
- Es lohnt sich, den Raum, in dem wir mit den Kindern arbeiten wollen, immer schön zu gestalten. Sind die Materialien ansprechend und interessant für sie? Wurde gut gelüftet? Das schafft Sympathie und damit Öffnung.
- Kinder reagieren besonders auf die Erscheinung der Erwachsenen. Sind sie gut gelaunt, freundlich und offen für sie? Nehmen sie sich die Zeit, die Kinder brauchen?

Kapitel 1.2
Stress durch Leistung

Kinder müssen immer wieder ihre Leistungen zeigen. Das ist wichtig, damit sie sich richtig einschätzen können, damit sie später einen passenden Beruf finden und weder unter- noch überfordert werden. Die Frage ist nur: Wie soll die Leistung erbracht werden? Ein emotionaler Blockierer können Lernkontrollen sein. Das kann dramatisch sein.

Cecile ist eine sehr sensible Schülerin. Sie hat einen ehrgeizigen Vater, der alles tut, um sie zu fördern. Nur scheint er dabei über das Ziel hinauszuschießen. Er ist enttäuscht, wenn Cecile keine gute Lernkontrolle nach Hause bringt, und lässt sie das spüren. Eines Tages muss Cecile bei mir eine NMG-Lernkontrolle nachschreiben. Sie hat sich nicht so gut darauf vorbereitet und spürt nach kurzer Zeit, dass die Arbeit mittelmäßig wird. Sie gerät in Panik. Ich erlebe, wie sich ihr ganzer Körper immer mehr verschließt. Er fängt an zu zittern, zu krampfen, die Hände werden eiskalt. Meine Stimme erreicht sie nicht mehr. „Wenn mein Vater erfährt, dass die Lernkontrolle nicht gut wird. Das ertrag ich nicht." Ich frage nach, was denn daran so schlimm wäre. „Dann spricht er nicht mehr mit mir." Das ist es. Selbst wenn es eine Einbildung ist, ist es für sie doch eine Realität. Mir wird schlagartig das ganze Ausmaß ihrer Not bewusst. Die Tränen laufen ihr ununterbrochen hinab. Sie steigert sich immer mehr in das Drama des Scheiterns hinein, beginnt zu hyperventilieren und droht ganz zu kollabieren. In dem Moment macht die Lernkontrolle keinen Sinn mehr. Cecile versteht die einfachsten Fragen nicht mehr. Sie hat den gesamten Lernstoff vergessen.

An diesem Punkt kann es passieren, dass ein Kind leistungsmäßig abgeschrieben wird. Es bekommt dann eine schlechte Note und wird nie wieder motiviert sein, eine Leistung zu erbringen.

Ich beschließe, die Lernkontrolle abzubrechen und sie erst einmal zu beruhigen. Ich lenke sie ab, lasse sie tief durchatmen und versuche, ihr zu vermitteln, dass eine schlechte Note nicht das Ende der Welt bedeutet und dass ihr Vater sie immer noch lieben wird. Ich versuche, ihr zu zeigen, dass sie nicht alleine ist. Langsam beruhigt sie sich. Ihr Zittern und Krampfen lässt nach, ihre Hände werden wieder warm. Wir sprechen noch eine Weile über ihre Ängste und Sorgen. Ich versuche, ihr zu zeigen, dass sie nicht nur eine Schülerin ist, sondern auch ein Mensch mit Gefühlen und Bedürfnissen. Ich höre ihr zu und lasse sie ihre Gedanken und Gefühle ausdrücken. Schließlich fühlt sie sich bereit, die Lernkontrolle zu Ende zu schreiben. Ich unterstütze sie dabei und gebe ihr die nötige Zeit und die Ruhe, um sich zu konzentrieren. Am Ende ist die Note nicht perfekt, aber Cecile hat das Gefühl, dass sie es geschafft hat und dass sie immer Unterstützung und Verständnis von mir bekommen wird. Sie verlässt den Raum mit einem Lächeln und einer Erleichterung. Ich weiß, dass sie noch einen langen Weg vor sich hat, um mit den Erwartungen ihres ehrgeizigen Vaters umzugehen, aber ich hoffe, dass ich ihr zumindest ein kleines Stück auf diesem Weg helfen konnte.

Cecile kann nicht einfach weglaufen. Es gibt auch keinen Feind, den sie bekämpfen kann. Sie liebt ja ihren Vater. Dadurch entsteht eine beengende Situation für sie. Andere Kinder können mit der Situation entspannter umgehen. „Ich hätte mehr lernen sollen", wäre auch eine mögliche Reaktion. Cecile hat jedoch irgendetwas Angsteinflößendes erlebt, bei dem Versagen bedrohliche Folgen hat. Man könnte ihr helfen durch eine Anpassung der Lernkontrollen auf ihren Leistungsstand und durch eine entspannte Lernsituation, in der Schule wie zu Hause. Dann könnte sie sich wieder entspannen. Da müssen aber die Eltern mitziehen, sonst verschließt sie sich immer mehr, und vor allem: Ihre Entdeckerfreude geht verloren. Sie hat nur noch im Kopf, wie sie die Erwartungen ihrer Eltern erfüllen kann. Eine Anpassung der Lernziele an das momentane Niveau des Kindes bringt dem Kind große Erleichterung. So kann man sich die Zeit nehmen, die ein Kind braucht, um ein Lernziel wirklich tiefgehend zu verstehen. So ging es mir mit Nuria.

Es war beeindruckend, als Nuria, ein Migrationskind, nach Monaten des Übens den 10er-Übergang endlich selbstständig anwenden konnte, anschließend glücklich an die Tafel ging und sich eine Urkunde malte. Bisher hatte sie nur Misserfolgserlebnisse in der Klasse bei Mathe gehabt. Nun strahlte sie. Ich ließ ihr so viel Zeit zum Malen, wie sie brauchte, um diesen Moment auszukosten.

TIPPs

- Unterschätzen wir niemals die Wirkung eines geborgenen Elternhauses auf Kinder. Dazu gehört auch, dass sie sich geliebt fühlen, egal wie ihre Leistungen in der Schule sind.
- Versuchen Sie nicht, aus den Kindern das zu machen, was Sie vor Augen haben. Kinder tragen unbewusst den eigenen

Plan ihres Lebens in sich. Sie folgen in ihren Gedanken einer eigenen Logik. Versuchen Sie, diesen Plan mit Ihrem Kind zusammen zu entdecken und bewusst zu machen.

- Körperliche Reaktionen oder auch Rebellion sind oft ein Hilfeschrei des Kindes, das sich zutiefst wünscht, dass seine Grundbedürfnisse erfüllt werden.

Lernkontrollen und Noten sind immer wieder Gegenstand von Diskussionen unter Pädagogen. Früher gab es nur Noten, die zusammenaddiert wurden und in ihrem Durchschnitt die Gesamtnote im Zeugnis bildeten (summative Beurteilung). Es gibt mittlerweile aber viele Alternativen zu Noten, die in Schulversuchen erfolgreich ausprobiert wurden. Man spricht von **formativen Beurteilungen**. Hier wird der Lernweg eines Schülers oder einer Schülerin beschrieben. An welchem Punkt steht er, wie kann er sich weiter optimieren, um sein Ziel zu erreichen? Es ist eine offene, fördernde Beurteilung, die den Schüler oder die Schülerin mit in die Bewertung einbezieht. Ein Beispiel aus einem achtjährigen Schulversuch im Aargau zeigt die positiven Auswirkungen auf die Schülerinnen und die Eltern: Der Schüler und die Schülerin erarbeiten sich im Laufe des Schuljahres ein Portfolio, das aussagekräftige Dokumente enthält. Dazu gehören „... alle relevanten Arbeiten, Gesprächsnotizen, Prüfungen, Fotos von Arbeiten, Tonaufnahmen von Texten u. a." [6]Jedes Kind geht so auf einen individuellen Lernweg. Dadurch fällt der Vergleich mit anderen Kindern und dem daraus folgenden Konkurrenzkampf weitgehend weg. Kinder arbeiten so bestenfalls im **Flow** und nicht mit ständigem Blick nach den Noten. Regelmäßig finden jedoch Lernentwicklungsgespräche statt. „In jedem Lernentwicklungsgespräch wird eine Lernvereinbarung erarbeitet, in der neue Lernziele festgehalten werden. Dabei wird auch besprochen, welche Unterstützung sich die Schülerin oder der Schüler von den Lehrpersonen

---

6 Schweizer Elternmagazin Fritz + Fränzi Juni 23, S. 46 und 47

und Erziehungsberechtigten wünscht", stellt der LehrerInnen-Dachverband Schweiz fest.[7] Statt Noten werden Smileys vergeben. Das Feedback eines Schülers: „Ein trauriger Smiley ist nicht so schlimm wie eine schlechte Note." Eine Schülerin: „Wenn ich keine Noten bekomme, habe ich keinen Stress!" Nach der 8jährigen Probezeit überwiegen die Vorteile gegenüber der summativen Beurteilung: Die Kinder kennen kaum noch Prüfungsangst. Die Eltern sind ebenfalls motiviert, da sie regelmäßig von ihren Kindern selbst über den aktuellen Lernstoff informiert werden (ebd.).

Wissensecke Flow

Es gibt einen Moment im Tun, der uns weder unter- noch überfordert. Wir versinken in unserem Tun und vergessen Zeit und Raum. In diesem Moment befinden wir uns im Flow. Hier interessiert uns nicht das Produkt oder die Benotung, da uns der Flow selbst belohnt. Es ist das höchste Moment kreativen Schaffens. Es ist jedoch nicht nur die Überforderung, die Kindern Probleme bereitet. Eltern sollten Kindern nicht Schwierigkeiten abnehmen, solange sie sie selbst bewältigen können. Probleme zu lösen gehört zu ihrer Entwicklung dazu. Der Kunst- und Ausdruckstherapeut Leo Lalkaka fördert als Leiter der Kinderkrippe „Müsliburg" die Kreativität der Kinder auf allen Ebenen, da sie die gesunde Entwicklung der Kinder fördert. Theater, Tanz, Musik, Poesie und gestaltende Künste gehören gleichermaßen zu seinem Erziehungskonzept. Für ihn ist jedoch wichtig, dass Kinder dort abgeholt werden, wo sie von alleine kreativ werden. Dann laufen sie nicht Gefahr, unter- oder überfordert zu werden und finden am ehesten den kreativen Flow.[8]

---

7 Bildung Schweiz, Dachverband Lehrerinnen 6/23, S. 43
8 familienleben.ch Kunsterziehung

Wir sollten Kinder nicht dafür bestrafen, wenn sie durch den Flow auf eine falsche Fährte geraten. Das kann im Eifer passieren und wir sollten dies von wirklichen Gedankenfehlern unterscheiden. So ging es mir einmal mit Silvia bei einer Lernkontrolle über halbschriftliche Addition und Subtraktion.

Silvia freut sich, denn sie hat verstanden, wie man halbschriftlich Plus rechnet. Bei der Lernkontrolle geht sie eifrig von Aufgaben zu Aufgabe. Es flutscht richtig. So übersieht sie aber leider, dass die Aufgaben längst mit Minus gerechnet werden müssen. Sie hat nicht mehr genau hingesehen. So sind jetzt genau genommen über 10 Aufgaben falsch – oder doch nicht? Sie hatte ja an Addition und nicht an Subtraktion gedacht. Bei der Betrachtung der Lernkontrolle sah ich ihre Fehler und gleichzeitig die Notwendigkeit, ihren Lerneifer zu stärken. Ich entschied mich, beides zusammenzubringen: Ich strich die Fehler an mit der Bemerkung „Du hast Plus statt Minus gerechnet" und gab ihr dennoch für die richtig gelösten Aufgaben die volle Punktzahl.

Von den eigenen Erwartungen gequält

Solange Kinder Leistung mit Stress verbinden, sind sie auch im Stress gefangen. Im Schulalltag kann dadurch auch mal etwas zerbrechen, damit sich etwas öffnet. Das kann sogar in künstlerischen Fächern passieren, wenn die eigenen Ansprüche das Kind erdrücken. Kunst, Musik und Kreativität sind eigentlich große Türöffner. Es kann aber auch hier Hindernisse geben, die ein Kind aufbaut, wenn es zu hohe Erwartungen an sich stellt.

So ging es mir mit Ludwig.

Als ich in einer Erziehungshilfe-Schule, kurz E-Schule, arbeite, begegne ich Ludwig. Er ist ein kleiner, rundlicher und gemütlicher Schüler mit freundlichen warmen Augen. Er kann sehr gewählt sprechen, fast schon erwachsen. Er ist ein richtiger Gentleman. Eines Morgens will er mich zum Lehrerzimmer begleiten. Er klopft sogar für mich an die Tür wie ein Butler. Montags ist bei uns Maltag. Die Kinder lieben den Maltag, nur nicht Ludwig. Sobald er den ersten Strich auf das weiße Blatt Papier gesetzt hat, ist er unzufrieden. Es will ihm nie so gelingen, wie es nach seiner Vorstellung sein soll. Er hat ganz weiche Hände und bewegliche Finger. Damit gelingt es ihm nicht, eine präzise Linienführung zu halten. Da sein Selbstwert sehr gering ist, kommt er auf eine kuriose Idee. Man muss wissen, dass Kinder in der E-Schule bei besonders krassen Verhaltensweisen auch mal einen Tag Schulausschluss bekommen können. Ludwig verkrampft sich immer mehr. Plötzlich sagt er mit hochrotem Kopf nach seinem ersten Pinselstrich: „Ich hasse Kunst. Ich beantrage Schulausschluss für jeden Montag!"

Ein anderes Mal flöte ich mit der Klasse. Die Kinder lieben den harmonischen Gleichklang der Flöten, selbst wenn sie zu Gewalt und Aggressivität neigen. Gerade dann erleben sie Harmonie, die ihnen sonst oft fehlt. Wir wollten den Pachelbel-Kanon mit verschiedenen Klassen aufführen. Auch Ludwig war dabei. Ich musste allerdings erst seine Flöte reparieren, damit er mitspielen konnte. Wie kam das? Wenige Tage vor der Aufführung übte ich in der 3. Klasse die Flötenstimme. Bei Ludwig piepste die Flöte, da seine weichen Finger nicht alle Tonlöcher fest schließen konnten. Mit einem Mal bekam er wieder einen hochroten Kopf, packte die widerspenstige Flöte – und biss hinein! Es knackte, und tatsächlich war sie gebrochen. Ein unglücklicher Versuch, dem inneren Stress zu entkommen.

Ludwig zeigte mir, wie sehr er sich nach Festigung und Können sehnte. Seine Ansprüche waren jedoch eindeutig zu hoch. Sie führten ihn zu einer unerträglichen Frustration. Er spürte aber, dass der Weg nur über ein Öffnen gehen kann. Da er keine Übung hatte, wählte er ein heftiges Öffnen, bei dem etwas kaputt ging bzw. den Schulausschluss. Ich beachtete sein „Öffnungswerk" nicht weiter. Dafür bekam er Nachhilfe im richtigen Flöten und im Zeichnen. So konnte er sich langsam seinem Ziel nähern, sich zu verbessern.

Wissensecke Aggression als Öffner

Wenn man Aggression als heftigen Öffnungsversuch versteht, könnte man vielleicht manche Verhaltensweisen nachvollziehen, die zuerst unsere Abneigung hervorrufen. Wenn man lang genug ungesund verschlossen ist, kann es sein, dass man es nicht mehr erträgt. Manche Kinder müssen jahrelange Demütigungen erleiden. Sie schützen sich, indem sie sich verschließen. Alles Ungelöste möchte sich aber letztlich ausdrücken und befreien. Das kann sich durch eine aggressive Handlung zeigen. Oft steckt hinter einer Aggression der tiefe Wunsch nach neuen Erfahrungen mit einer Person oder einem Lernthema. Dafür kann man pädagogisch den Weg ebnen.

Menschen in tiefer Not wählen manchmal ein hohes Risiko. Alles, was sie tun, lässt sich mit dem Impuls, sich oder die Situation öffnen zu wollen, vergleichen. Das Risiko wächst jedoch immer mehr, je weniger andere Versuche der Öffnung Erfolg bringen. Daher sollten wir ihnen viele Möglichkeiten bieten, Erfahrungen mit Erlebniswert zu machen, bei denen sie sich ohne Gefahr ausprobieren können.

Die Erlebnispädagogik setzt hier an. Sie zeigt 3 Erlebniszonen: Die Komfortzone, wo kaum etwas passiert, dafür garantiert sie Sicherheit, die Panikzone, die man meiden sollte, denn hier droht Kontrollverlust und Gefahr und dazwischen die Erlebniszone. Das Gute in der Erlebnispädagogik: Man kann immer wählen, wie viel man erleben möchte. So behält man stets die Kontrolle und ist nie der Situation ausgeliefert. Beim Skifahren ähneln die Zonen den verschiedenen Pisten: die blaue gemütliche, die rote anspruchsvolle und die gefährliche schwarze Piste mit den größten Herausforderungen. Im Hochseilgarten ist es ähnlich. Die Mischung zwischen Herausforderung und Sicherheit macht dieses Erlebnis durch ein perfektes Sicherungssystem für jeden durchführbar und führt bestenfalls in den Flow.

Eine neue Fehlerkultur

Lernkontrollen haben ein hohes Stresslevel bei Kindern, wenn sie oder ihre Eltern zu hohe Erwartungen an eine gute Note haben. Dadurch können sie zu Closern werden. Fehler haben nicht nur mit dem fehlenden Üben für die Lernkontrolle zu tun, wie wir bei Paul gesehen haben. Die Ursachen sind vielfältig und müssen gut analysiert werden. Es hat sich einerseits der bekannte Spruch: „Fehler sind Helfer" bei nahezu allen Schülern und Lehrerinnen herumgesprochen, andererseits beobachte ich, dass dadurch der Stress bei Lernkontrollen nicht geringer wird. Manche Eltern heizen ihn noch mächtig an durch wohlgemeinte *Belohnungen*. So sagte mir ein Schüler: „Ich muss unbedingt eine gute Lernkontrolle schreiben. Dann bekomme ich von meiner Oma Geld." Der Stress wird hier noch größer. Wenn dieses Kind keine gute Lernkontrolle nach Hause bringt, dann erntet es eine doppelte Enttäuschung: Die Abwertung durch die Note und den Verzicht auf eine Belohnung, die ihm eine Befriedigung seiner Bedürfnisse verspricht. Dabei muss man auch wissen, dass Belohnungen langfristig die Motivation eines Kindes lähmen. „Durch äußere Anreize wird die ursprüngliche Eigenmotivation quasi überschrieben … Doch solche äußeren Anreize nutzen sich schnell ab", weiß der Neurobiologe und Lernexperte Martin Korte.[9] Fehler sind emotional sehr belastet, bei jedem Menschen. Das liegt daran, dass Fehler zu machen in der Regel mit *Schuld* und *Leiden* verbunden ist. Vergesse ich meine Jacke in eisiger Kälte, werde ich heftig frieren. Investiere ich mein Geld an der falschen Stelle, kann es für mich verheerende Folgen haben. Jeder Mensch hat die Kausalität zwischen Fehlern und Leiden vielfältig erlebt, Erwachsene und Kinder. Soll man Kindern dieses Leiden ersparen? Es besteht meiner Ansicht nach eine höhere Motivation, aus einem Fehler zu lernen, wenn man sich Zeit zur Fehlerbearbeitung nimmt und wenn die unmittelbaren Folgen des Fehlers nicht zu gravierend sind. Es dürfen die Beziehungen zwischen Lehrpersonen und Schülern nicht darunter leiden. Vor allem aber die Beziehung zwischen Eltern und ihren Kindern. Dann lassen sich Fehler leichter ertragen. Etwas Leiden darf sein, aber: Ist die Messlatte zu hoch, bringt das Leiden nichts. Dann bewirkt es nur Resignation, selbst wenn die Eltern hinter dem Kind stehen. Außerdem ist ein Fehler nur dann hilfreich, wenn er möglichst nicht wiederholt wird.

---

9 M. Korte: Wie Kinder heute lernen 2009, S.36

Nebengedanke Fehler machen

Eine neue Fehlerkultur könnte entstehen, wenn das Wort Fehler als „Fehlen" gedeutet und entdramatisiert wird. Etymologisch kommt es u. a. von „abwesend, nicht vorhanden sein", aus dem ein Irrtum entsteht.[10] Wer Fehler macht, dem fehlt es an gewissen Vorstellungen, Wissen, Konzentration, Gewohnheiten, Übung oder Selbstvertrauen. Eine Vielfalt an Möglichkeiten, die jenseits vom abwertenden Urteil „Dummheit" liegen. Jeder Fehler verliert seinen Schrecken, wenn Lehrpersonen, Eltern und Erzieher den Blick auf das bereits Geschaffte lenken und dabei helfen, dass Lücken geschlossen werden. Wir sollten Mut haben, zu unseren Lücken zu stehen! Wer gibt einem Kind kein Brot, wenn es hungrig ist? Wer würde eine Unterstützung vorenthalten, um diese Lücken zu schließen? Man könnte dabei sagen: „Du hast bereits viel geschafft. Hier sind noch ein paar Lücken, die wir aber zusammenschließen können." So könnte das Scheitern in der Schule an Gewicht verlieren. Vergessen wir aber nicht, dass Kinder einen feinen Sinn dafür haben, was ihre Eltern und Lehrpersonen wirklich über sie denken. Schon ein Gedanke von Enttäuschung und ein inneres Abwenden können einem Kind Not bereiten. Eine positive Fehlerkultur ist eine Ressource, das haben mittlerweile auch Unternehmen entdeckt. In Berlin ist vor einigen Jahren daraus die **Gesellschaft für Fehlerkultur** entstanden, kurz **GfF**. Sie veranstaltet sogenannte „Fuckup Nights Berlin", bei denen Menschen aus der Wirtschaft von ihrem beruflichen Niedergang, von Fehlschlägen und Scheitern sprechen und wie sie wieder auf die Beine kamen. Die Veranstaltungen haben hohen Zulauf, denn die Menschen wollen wissen, wie man von einem Fehler lernen kann und sogar davon profitiert. Fehler zuzugeben schafft außerdem eine besondere Form von Nähe und Verbundenheit. Die GfF unterstützt Unternehmen im

---

10 dwds.de/wb/fehlen

Kulturwandel. Das Ziel ist, das Thema Scheitern zu entstigmatisieren und kreativ zu nutzen. Es geht darum, vom Scheitern zu lernen, eine Art gelebte Fehlerkultur.[11]

Ein Spiel ist Belohnung genug

Kinder, die eine Lernkontrolle oder eine andere Leistungsabfrage vor sich haben, wirken immer sehr angespannt und ernst. Es scheint mir dann so, als würden sie spüren, dass ein Versagen wie ein Damoklesschwert über ihnen hängt. Oft sind sie so angespannt, dass eine winzige Schwierigkeit beim Verstehen einer Aufgabe dazu führt, dass sie in Angst und Panik verfallen. Das Problem dabei ist, dass sie auf diese Weise nicht ihre beste Leistung zeigen können. Schlimmstenfalls erleben sie einen Blackout und verstehen gar nichts mehr. Missmut und Resignation wären die Folge. Was hindert uns daran, eine fröhliche Aufwärmphase mit ihnen zu machen, bevor es losgeht? (Das betrifft auch die Motivation für Hausaufgaben.) Nebenbei wird ihr Gehirn bestens durchblutet, während sie am Tischkicker spielen oder mit Bällen jonglieren. Ihre beiden Gehirnhälften synchronisieren sich und schaffen damit eine optimale Voraussetzung, um zu funktionieren. Das Spiel schafft die besten Voraussetzungen, um sich dem Ernst des Lebens zu stellen. Alles, das wir spielerisch vermitteln können, entspannt die Kinder. Sie vergessen in dem Moment, dass sie arbeiten und etwas leisten. Sie kommen in den Flow.

In seinem Buch „Rettet das Spiel!" beschreibt Gerald Hüther die Bedeutung des Spiels für die kreative Gestaltungsfähigkeit eines Kindes. In einem Interview mit blick.ch betont er, es sei nicht gut, das gesamte Leben zu verzwecken und zu funktionalisieren. Dadurch kommen uns wichtige Spielräume abhanden. „Spielen ist Dünger für das Gehirn und Kraftfutter für

---

11 Gesellschaft für Fehlerkultur UG

Kinderseelen",[12] meint Hüther. Er sieht im Spiel ein zukunfts-
weisendes Potential: „Die meiste Zeit fokussieren wir unser
Gehirn auf etwas Bestimmtes, damit man es auch gut macht.
Dieser Zustand heißt fokussierte Aufmerksamkeit. Alles, was
Sie mit dem Gehirn lenken und steuern, ist auf die Bearbeitung dieses einen Problems gerichtet ... Das führt dazu, dass
im Hirn nur die Netzwerke aktiviert sind für das, was sie gerade vorhaben. Wie bei einem Apotheker, der nur eine Schublade
offen hat ... Durch das Spiel können sich im Gehirn möglichst
viele Netzwerke miteinander verbinden, die sonst, im Zustand
der fokussierten Aufmerksamkeit, nie miteinander verknüpft
sind. Das Spiel öffnet quasi 100 Schubladen." (ebd.)

Kapitel 1.3
Wenn innere Bilder zu Konflikten werden

Traumatische Bilder

Es gibt Bilder, die einen verunsichern und vielleicht ein Leben
lang begleiten. Es sind immer die emotionalen Bilder, die lange Zeit haften bleiben. Man könnte geradezu von eingepflanz-
ten Bildern sprechen. Ein Problem entsteht, wenn diese Bilder
vom Kind noch nicht verkraftet und verarbeitet werden können. Ich erinnere mich an solch eine Situation, die mich in jungen Jahren tief geprägt hat. Es war ein Schock, der mich auch
heutzutage in einen Alarmzustand versetzt, wenn eine Situation ähnlich ist.

Ich spiele im Alter von etwa sieben Jahren mit mehreren Kindern Fangen vor unserem Haus. Ein Junge von etwa fünf

---

12 blick.ch/life/gesundheit/medizin/hirnforscher-gerald-huether-
    spielen-ist-duenger-fuer-das-gehirn-id5721031.html

Jahren ist auch dabei. Ich nenne ihn Tom. Tom ist ein schneller Läufer. Niemand schafft es, diesen flinken aufgeweckten Jungen zu fangen. Tom rennt am Haus vorbei und direkt auf die Straße zu. Er schaut nur nach hinten, ob ihm jemand folgen kann. Ich sehe ihn noch hinter der Ecke verschwinden. Unmittelbar danach höre ich das laute Quietschen von bremsenden Reifen eines Lastwagens. Ich bin wie erstarrt. Es hat kaum einen hörbaren Aufklatscher gegeben. Mit bangem Ahnen laufe ich zur Straße. Ich bekomme weiche Knie. Es darf einfach nicht wahr sein, was ich jetzt sehe: Tom liegt auf der Straße und rührt sich nicht mehr. Um seinen Kopf bildet sich eine Blutlache, die schnell immer größer wird. Ich spüre mit einem Mal die Unumkehrbarkeit dieses Moments und bin tief erschüttert. Kann man ihm denn wirklich nicht helfen? Später höre ich wie im Traum die knappen erklärenden Worte der Erwachsenen: „Er hatte einen Schädelbruch und viele innere Verletzungen. Er war sicherlich sofort tot." Ich konnte es trotzdem nicht einordnen, konnte es nicht fassen und auch nicht verarbeiten.

Ich glaube, ich bin seit diesem Erlebnis ein vorsichtiger Mensch geworden. Das ist nicht von Nachteil. Ich spüre schnell, wenn eine bedrohliche Situation naht. Erst kürzlich sah ich eine Frau mit dicker Wollmütze über eine Tramlinie laufen. Es war sehr kalt, und mir fiel auf, dass sie nur nach vorne sah, nicht jedoch zur schnell nahenden Straßenbahn. Ich schrie ihr laut eine Warnung zu. Sie hörte mich, blickte sich schnell um und machte dann einen Satz über die Gleise. Es war keinen Moment zu früh.

Wie interpretieren wir oder unsere Kinder negative Erlebnisse? Ich hatte aus dem erschütternden Erlebnis die kindliche Schlussfolgerung gezogen, dass es keinen endgültigen Tod geben kann. Es gab für mich keinen Sinn, dass Tom nicht mehr unter den Lebenden weilte und nun ausgelöscht sein sollte. Also gab es eine andere Dimension, in der er weiterlebte. Andere haben vielleicht die Schlussfolgerung gezogen, dass Straßen sehr gefährlich sind, ja, dass das ganze Leben bedrohlich

und ungerecht ist und dass man sich schützen und verschließen muss. Wie auch immer: Aus der Summe der Erinnerungen und unseren Interpretationen bilden sich unsere inneren
Haltungen, die unser Leben prägen. Wenn die inneren Bilder
uns verschlossen haben, werden wir bei ähnlichen Situationen durch die gleiche Interpretation die Gedankenautobahnen, wie sie Neurobiologen nennen, vertiefen. Innere Türen
können sich dadurch immer mehr verschließen. „Damit beschäftige ich mich nicht", sagt man dann und denkt innerlich:
„Ich habe schlechte Erfahrungen mit diesem Thema gemacht.
Die will ich nie wieder erleben." Schwere Erlebnisse können
uns zerbrechen. Das klingt so, als sollte man alles tun, um
diese Erlebnisse aus unserem Gedächtnis zu verdrängen, um
sie „wegzubekommen". Sie können uns aber auch dazu veran-
lassen, sie als Entwicklungshelfer zu betrachten. Genau genommen brechen sie etwas in uns auf. Sie machen uns empfänglich. Menschen, die traumatische Erfahrungen gemacht
haben, können ein größeres Mitgefühl für andere Menschen
entwickeln als Menschen, die immer gut versorgt und behü-
tet durchs Leben gehen. Man kann sich entscheiden, nie eine
endgültige Interpretation in sich aufzubauen. Türen bleiben
offen, und schwere Erlebnisse blockieren uns nicht. So ist Entwicklung immer möglich.

Bilder im Unterricht, die blockieren

Es gibt Bilder, die einen Sachverhalt besonders anschaulich
darstellen. Gerade in Mathe brauchen wir gute Bilder, die einen Sachverhalt bildhaft erklären können. Haben wir ein fal-
sches Bild gespeichert, hat das fatale Auswirkungen bis in die
Mittelstufe hinein. Falsche innere Bilder sind wie Steine, die
im Weg liegen, wie Knoten, die jede Aufgabe zu einem schier
unlösbaren Problem erscheinen lassen. Sie müssen aufgespürt
und ersetzt werden durch passende Bilder. Sie sind der Ansatz-
punkt, um Kindern das Lernen wieder zu erleichtern.

Bilder haben eine hohe emotionale Auswirkung und können daher besonders tief verunsichern, wenn sie negativ besetzt sind. Es müssen nicht immer schreckhafte Erlebnisse sein, die sich in die Vorstellungswelt der Kinder einschleichen und sie blockieren. Kinder produzieren auch selbst schreckhafte Bilder, wenn sie verunsichert sind. Wir sollten ihnen daher bessere entgegensetzen. Es sind oft ganz normale Inhalte des Unterrichts, die Emotionen auslösen und die Schüler blockieren können. Gerade auch in Mathe, insbesondere in „Minus" und „Durch". Diese werden von Kindern selten geliebt. Alle Kinder, die ich begleite, stöhnen auf bei diesen Rechenarten. Hier sind sie alle eher verschlossen und blockiert. Es ist, als spürten die Kinder instinktiv den Widerstand beim Rechnen. Sie folgen ihren inneren Bildern, die negativ besetzt sind und das logische Denken ausschalten.

Wir haben Mathematik in der 4. Klasse. Ich frage die Kinder, was sie bei dem Wort Teilen fühlen. Ricarda mit diagnostizierter Dyskalkulie reagiert aufgebracht: „Bei Durch sehe ich alles Schwarz, einen leeren Raum im Kopf, wo sich alles dreht und ich denke: Ich will die Aufgabe nie wieder sehen!"

Einige Zeit später, nachdem ich Ricarda nicht mehr als ISF-Kind begleitete, lief sie mir über den Weg. Ich fragte sie, ob sie bei „Durch" immer noch alles Schwarz sieht wie in der 4. Klasse. „Nein, jetzt sehe ich alles in Grautönen." Ich sagte: „Gib mir Bescheid, wenn sich etwas bei dir in nächster Zeit ändert!" Drei Monate später liefen wir uns wieder über den Weg. Ohne dass ich sie darauf ansprach, lief sie plötzlich freudig auf mich zu und sprach: „Übrigens: Jetzt sehe ich alles Weiß!"

Die Ursachen für Dyskalkulie sind noch nicht vollständig erforscht. Da Mathematik ein Fach des Raumes und der Zeit ist, liegt es jedoch nahe, Kinder in ihrem Raum- und Zeitempfinden zu fördern. Manche Lerntherapeuten greifen deshalb auf das Training mit Pferden zurück. Auf einem Reiterhof im Landkreis Kassel zeigt Pädagogin Dr. Julia Rasche, wie Pferde beim Legasthenie- und Dyskalkulietraining helfen: „Durch die Schrittbewegung des Pferdes entstehen dreidimensionale Bewegungsimpulse, die je nach Pferd mehr das sympathische oder das parasympathische Nervensystem aktivieren. So wird Stress reduziert und die Lernleistung verbessert."[13]

Mir fällt immer wieder auf, dass Kinder mit Dyskalkulie oft ein **fehlendes Selbstwertgefühl, Orientierungsschwierigkeiten** und **rhythmische Probleme** haben. Viele Übungen, den Raum zu erfassen, eine entspannte Lernsituation und rhythmische Lockerungsübungen gehören daher in meinen Stunden zur Förderung bei Rechenschwäche. Sie helfen beim Verständnis von geometrischen Formen, bei Zahlenfolgen, beim Erfassen von Mengen, beim Erkennen von räumlichen Mustern oder beim Umsetzen von mathematischen Konzepten in handlungsbezogenen Aufgaben. Wie zeigt sich Rechenschwäche praktisch?

---

13 hna.de/lokales/hofgeismar/trendelburg-ort43206/pferd-mathe-lernen-schule-reiterhof-kassel-hofgeismar-90022562.

Viola ist ein aufgeschlossenes, freundliches Mädchen, das immer wieder über „Steine" in Mathe stolpert und sich durch falsche Bilder verkrampft, die sie aufgenommen hat. Es ist wie bei einem Stück Stoff, der viel zu eng gewebt ist und der sich immer mehr zuzieht, je mehr man daran zieht. Es wurde gerade die schriftliche Division in der 5. Klasse wiederholt. Die Lehrperson geht davon aus, dass die Grundlagen in der vierten Klasse bei allen Kindern gelegt wurden. Die Zeit zum Wiederholen ist daher nur kurz. Die Kinder gehen an ihre Arbeit. Es scheint bei allen gut zu klappen. Nicht jedoch bei Viola. Wir gehen daher in einen speziellen Raum, damit ich ihren inneren Bildern nachspüren kann. Viola liebt es, in einem separaten Raum so viel persönliche Aufmerksamkeit zu bekommen. Sie blüht hier schnell auf. Ich sage: „Erkläre mir an der Tafel, wie du es machst!" Viola geht strahlend und siegesgewiss an die Tafel. Sie drückt die Kreide so fest auf, dass sie gleich zerbricht. Das fällt mir auf. Sie hält ihre Stifte immer viel zu fest in der Hand. Ich spüre ihre innere Anspannung, obwohl sie so fröhlich an der Tafel steht. Die Aufgabe lautet: 3'654:6. Sie fängt an zu rechnen: „3:6 macht 2." Ich erhebe Einspruch, doch sie antwortet empört: „6:3 oder 3:6 ist doch egal. Da kommt doch das Gleiche raus!"

Das richtige Bild der Division war nicht verankert. Durch ihre Anspannung hielt sie an diesem falschen Bild fest. Ich setzte ein deutliches Bild dagegen: „Ist es das Gleiche, ob ich 3 Kindern 6 Weckle verteile oder 6 Kindern 3 Weckle?" Viele Kinder mit Rechenschwierigkeiten verdrehen die Richtung bei Minus und Durch. In diesem Moment war nicht die Festigung einer Rechentechnik wichtig, sondern vielmehr die Veränderung dieses falschen Bildes. Falsche innere Bilder werden im Lernprozess oft dadurch im Kind gebildet, dass Abgrenzungen zu unscharf sind. Folglich braucht es zum Neuordnen *starke, eindrucksvolle und vor allem wahre Bilder mit klaren Konturen.* Dazu hilft es, Aufgaben praktisch mit den Händen umzusetzen und den Rechenvorgang mit allen Sinnen erleben zu lassen, wie man es bei der Einführung der Division macht. Es wäre sogar gut, wenn Viola beim Einkaufen für ihre Eltern hautnah erlebt, wie sich Division auswirkt. Es ist ein Bild von gerechter Verteilung, von Geben, wenn man viel hat. Division ist also nicht nur eine Technik, sondern auch eine soziale Handlung. Kinder leben viel mehr in ihren Gefühlen als wir. Sie verbinden manchmal mit Minus einen Verlust und hassen diese Rechenart daher. Es tut ihnen gut, wenn sie zurückgehen können zu den elementaren Erfahrungen, die zu einer Rechenart führen. Dann können sie Plus als gemütliches Ordnen erleben und Mal wird zu einer belebten, freudigen Sportübung. Minus braucht besondere Fantasie, um positiv erlebt zu werden. Beim Einkaufen kann ein Kind sowohl den Verlust des Geldes wie auch den Gewinn des Eingekauften erleben. Alle Kinder lieben bei mir daher das Rechnen mit Spielgeld, am besten mit einem richtigen Kaufmannsladen.

Wissensecke

Erinnerungen sind besonders stark, wenn sie emotional besetzt sind. Emotional mit allen Sinnen. Das kann positiv oder negativ sein. Gerald Hüther spricht von Erregungsmustern, die auf allen Sinneskanälen wirken. „Es gibt innere Bilder, die Menschen dazu bringen, sich immer wieder zu öffnen, Neues zu entdecken und gemeinsam mit anderen nach Lösungen zu suchen. Es gibt aber auch innere Bilder, die Angst machen und einen Menschen zwingen, sich vor der Welt zu verschließen." [14] Bei hochsensiblen Menschen gibt es noch eine Steigerung. Es ist die Fähigkeit, Zahlen mit Farben zu verbinden oder Zahlen farblich wahrzunehmen. Sie wird als Zahlen-Farb-Synästhesie bezeichnet. Synästhesie ist ein neurologisches Phänomen, bei dem die Wahrnehmung eines Sinnesorgans automatisch und unwillkürlich zu einer Wahrnehmung in einem anderen

---

14 siehe G. Hüther: Die Macht der inneren Bilder 2004 Kap.1

Sinnesorgan führt. In diesem Fall führt das Sehen von Zahlen zur Empfindung von Farben. Zum Beispiel könnte die Zahl 1 immer als Rot wahrgenommen werden, die Zahl 2 als Blau und so weiter. Es ist wichtig zu beachten, dass Synästhesie keine Störung ist, sondern eher eine ungewöhnliche Variation in der Wahrnehmung. Menschen mit Synästhesie erleben diese sensorischen Verbindungen in der Regel ihr ganzes Leben lang und betrachten sie oft als einen normalen Teil ihrer Wahrnehmung.[15]

Wichtig ist, dass wir bei Kindern immer davon ausgehen müssen, dass alle Lerninhalte, auch in Mathematik, emotional gefärbt und innere Bilder falsch abgespeichert sein können. Die inneren Bilder können Kinder öffnen oder verschließen. Kinder nehmen Bilder intensiver auf als moralische Zurechtweisungen. Bilder sind wie Einladungen an die innere Stimme der Kinder, denen sie gerne folgen. Es lohnt sich daher, Zeit zum Entwickeln von Bildern zu nehmen und sie passend einzusetzen.

Nach einem Konflikt mit einer Schlägerei in der Pause machten wir mit allen Beteiligten ein Konfliktgespräch in der Runde. Die Stimmung war ruhig und offen, aber ich spürte, dass sie leicht kippen konnte, wenn wir uns zu sehr auf die Schuldfrage konzentrierten. Einige Kinder fingen bereits an, sich zu rechtfertigen und die Schuld abzuwälzen. Ich wählte ein Bild, das alle kennen: Das Bild vom Feuer. Ich erzählte, wie ein kleines, schwelendes Feuer heftig aufflackern oder sogar explodieren kann, wenn man Öl oder Benzin hineingießt. Ich steigerte das Bild: „Ein kleines Feuer kann somit leicht zu einem großen Flächenbrand führen." Ich wartete, bis alle das Bild lebhaft vor Augen hatten. Dann fragte ich: „Was kann jeder Einzelne von euch zukünftig tun, damit das Feuer bei einem Konflikt nicht aufflackert und großes Unheil anrichtet?" Ich ließ ihnen Zeit zu überlegen. Jetzt waren die Kinder an der Reihe, selbst

15 synaesthesie.org/de/synaesthesie

kreative Lösungen zu finden. Das erwies sich als sehr günstig. Jeder war bemüht und fand Lösungen, die hilfreich waren. Die Schuldfrage stand nicht mehr im Mittelpunkt.

TIPPs

- Bilder spielen eine wichtige Rolle im Leben von Kindern. Kinder verstehen eine bildhafte Sprache viel besser als intellektuelle Erklärungen. Sie werden auch von innerlich abgespeicherten Bildern beeinflusst. Diese können verantwortlich für Lernblockaden und Stress sein. Schaffen wir es, bildhaft zu ihnen zu sprechen und neue, aufbauende Bilder zu verankern?
- Wir sollten darauf achten, dass wir bei den Bildern für den Lernprozess positive, kraftvolle und stark konturierte Bilder finden, die keine Verwechslung zulassen.

Fernsehen und innere Bibliotheken

Eine neue Dimension des Lernens entsteht durch das Medium Film. Die Medien sind unsere heimlichen Erzieher geworden. Wie ist das möglich? In der Wirklichkeit sind alle Bilder direkt und ganzheitlich. Die Natur liefert nur ganzheitliche Bilder, keine Ausschnitte oder Fragmente. Die Ausschnitte machen wir selbst, indem wir Details fokussieren. Beim Medium Film übernimmt der Regisseur das Fokussieren. Durch Auslassen von Bildern, Hervorhebung bestimmter Ausschnitte und Untermalung mit Musik wird der Blick auf die Aussage gelenkt, die der Produzent machen will. Dabei ist es wichtig zu wissen, dass unser Gehirn durch Eigentätigkeit aus den Einzelbildern bzw. den Pixeln eine durchgehende Filmsequenz zusammensetzt. Damit wird folglich die Aussage, die der Produzent machen will, in unserem Gehirn aktiv, aber gelenkt nachgebildet. Wir lassen uns also vom Medium Film selbst an die Hand nehmen, die Welt so zu schauen, wie der Produzent es will. Eine subtile Form von geführt werden über bewegte Bilder. Dadurch entsteht eine innere Bibliothek mit Eindrücken, die wir nur zum Teil bewusst eingespeist haben. Fernsehen wird so zum heimlichen Erzieher. Das hat große Auswirkungen, denn unsere inneren Bilder prägen unsere Glaubenssätze, unsere Haltung gegenüber anderen Menschen und unsere Lebenseinstellungen überhaupt. Bilder, die emotional stark genug aufgeladen sind, werden in uns eingepflanzt und gehen nicht mehr verloren. Sie werden über die Zeit abgeschwächt, bleiben aber in unserem Unterbewusstsein erhalten. Ich kann mich immer noch an gruselige Filmausschnitte erinnern, die ich als Kind unbeabsichtigt aufgenommen habe. Manche davon würde ich gerne für immer vergessen, da sie mir als Kind Angst gemacht haben und keinen erzieherischen Wert hatten. Immerhin verblassen diese Bilder allmählich. Ihre Botschaft hat mich jedoch ein Leben lang begleitet. Bekommen wir alles mit, was unsere Kinder sehen? Ein wichtiger Aspekt der Medien Film und Computer auf das Kind ist die Auswirkung auf den aktiven Sehprozess. Fernsehen bei Kleinkindern ist deshalb schädlich, weil sie noch viele Erfahrungen mit der Realität sammeln müssen. „Bildschirme liefern eine flache, verarmte Realität", sagt der bekannte Pädagoge Manfred Spitzer.[16] Filme haben *weniger Struktur* als die Wirklichkeit. Struktur ist für die Kleinen aber von enormer Bedeutung. Kinder bekommen die Struktur nur in der Erfahrung mit der Wirklichkeit. Es gibt empirisch nachgewiesene Zusammenhänge zwischen dem Fernsehkonsum im Kleinkindalter, unabhängig vom Inhalt, und Aufmerksamkeitsstörungen im Schulalter (ebd.). Ebenfalls nachgewiesen ist der Zusammenhang zwischen einem hohen Fernsehkonsum und einer deutlich geringeren Lesekompetenz im Schulalter (ebd.). Bei der letzten Pisastudie von 2022 fällt auf, dass in Deutschland die Leistungen in allen Hauptfächern, und damit auch in Lesekompetenz, deutlich abfallen.[17]

---

16 M. Spitzer: Vorsicht Bildschirm! 2006 S. 90
17 oecd.org/media/oecdorg/satellitesites/berlincentre/pressethemen/
    GERMANY_Country-Note-PISA-2022_DEU.pdf

Gleichzeitig wurde in den letzten Jahren der Einsatz der digitalen Technik in den Schulen immer mehr forciert. Besteht hier ein Zusammenhang? Eine kreative Betrachtung des Problems würde genau dieser Frage nachgehen. Ein weiterer problematischer Aspekt der Medien liegt in der Geschwindigkeit der Bildwechsel und der emotionalen Aufgeladenheit der Bilder. Ich erlebe bei Aufsätzen von Kindern, dass sie oft zusammenhanglos von einem Bild zum nächsten springen, wie bei einem Computerspiel oder einem Actionfilm. Sie können nur schwer die Handlung eines Filmes nacherzählen.

TIPPS Zusammenfassung Teil 1

- Kinder sind auf **Geborgenheit** im Elternhaus angewiesen. Fehlt ihnen diese, werden sie unausgewogen, da sie sich emotional noch nicht selbst regulieren können.
- Hinter einem störenden Verhalten, einem rebellischen Verhalten, liegt meist eine **seelische Not** und kein mutwilliges Fehlverhalten. Diese zeigt sich oft in einem Ausbruch von Trauer, wenn man sich ihnen zuwendet. Kinder sind für Zuwendung immer dankbar.
- Kinder, die sich im Stress befinden, sollten aus der Situation befreit werden, indem man mit ihnen den **Raum wechselt** und sie zu einem Spiel einlädt oder irgendwie ablenkt. Erst später ist es möglich, mit ihnen über den Konflikt zu sprechen, wenn ihr Gemüt sich abgekühlt hat.
- Kinder können emotional offen oder verschlossen sein. Wir müssen zuerst eine **Beziehung** zu ihnen aufbauen, wenn wir sie erreichen wollen. Sobald Vertrauen vorhanden ist, können sie sich öffnen. Die Beziehung ist die Voraussetzung, um Kinder überhaupt zu unterrichten und zu erziehen.
- Es gibt Fächer wie Musik und Kunst, die von innen her Kinder öffnen können. Das ist von Vorteil, da diese Fächer fast ohne Sprache durchführbar sind. Kinder sprechen auf **kreative Angebote** besonders gut an.

- Das **Spiel** nimmt eine besonders wertvolle Rolle im Leben von Kindern ein. Alle Kinder spielen gerne, da Kreativität und Spiel ihrem Wesen entsprechen. Spiele fördern Kinder auf vielfältige Weise in ihrer Entwicklung. Sie können auch eine gute Einleitung für ernsthafte Aufgaben sein.
- Kinder können ihre Gefühle meist noch nicht richtig verbal ausdrücken. Die Folge können überzogene, heftige **Ausdrücke** sein, die wir **nicht auf die Goldwaage legen** sollten. Kinder müssen erst lernen, wie man sich ohne verbale Gewalt ausdrückt (s. GfK Kap.2.6).
- Bilder spielen eine wichtige Rolle im Leben und Lernen von Kindern. Kinder verstehen eine **bildhafte Sprache** viel besser als intellektuelle Erklärungen. Sie werden auch von innerlich abgespeicherten Bildern beeinflusst. Diese können verantwortlich für Lernblockaden und Stress sein.
- Es lohnt sich in vielerlei Hinsicht, den **Medienkonsum** unserer Kinder zu **begrenzen**. Schaffen wir feste Zeiten, in denen Medien ganz bewusst im Mittelpunkt stehen dürfen.
- Bei Handy, PC und Tablet sollten wir einen **Kinderschutz** einrichten. Kinder sollten nicht mit Inhalten konfrontiert werden, die sie überfordern.
- Bei Filmen weiß man nie, wie sich der Film entwickelt. Wir sollten daher manche **Filme** besser **gemeinsam ansehen** und ggf. abschalten, wenn sie nicht mehr kindgerecht sind.
- Es hilft Kindern sehr, wenn wir mit ihnen nach einem Film **zusammen darüber sprechen.** So können sie die Inhalte, die oft in viel zu schnell wechselnden Filmsequenzen abgelaufen sind, im Nachhinein verstehen.
- Aus den letzten beiden Punkten ergibt sich, dass es von Vorteil wäre, eine neue **Erzähl- und Erinnerungskultur** in den Familien und in der Schule einzurichten.

TEIL 2

ZURÜCK ZUR BALANCE

Im zweiten Teil beschäftigen wir uns mit dem Prozess der Balance beim kreativen Prozess und wie er in der Kommunikation, im Denken und im Unterricht angewendet werden kann. Im ersten Teil wurde deutlich, dass Kinder, die wie von Sinnen stören, aus der Balance gefallen sind. In diesem Moment kann man sie nicht erreichen. Wenn wir es trotzdem versuchen, überfordern wir das Kind und uns selbst. Wir verschleißen unsere Kräfte als Eltern und als Lehrpersonen. Oft muss schnell und unkonventionell gehandelt werden, um das Kind wieder in die Balance zu bringen. Nachhaltiger ist es, schon vor einer Eskalation die Balance miteinander zu üben. Ich möchte daher diesen Begriff näher beleuchten. Balance ist ein labiler Moment, bei dem wir zwischen zwei Polen versuchen, die Mitte zu halten. Das passendste Bild dazu ist für mich der Seiltänzer. Er pendelt ständig zwischen linker und rechter Schwerkraft. Gelingt es ihm nicht, die Mitte zu halten, stürzt er ab. Einem Künstler sind diese Prozesse sehr vertraut. Er arbeitet mit Gegensätzen wie Komplementärfarben, Fläche und Linie, Vordergrund und Hintergrund. Der Musiker ist bemüht, eine Ausgewogenheit zwischen leisen und lauten Stellen im Musikstück herzustellen. Ein Musikstück wäre ohne Spannung, wenn es nicht auch Gegensätze beinhalten würde. Hier nähern wir uns dem Wesen der Kreativität. Sie zeigt uns, wie man mit Gegensätzen umgehen kann, und das hat viel mit der Synchronisierung unserer beiden Gehirnhälften zu tun. Es ist ein Prozess, der Übung braucht, Vertrauen und Mut, und auf vielfältige Weise vonstattengehen kann.

Kapitel 2.1
Das Phänomen vom Öffnen und Schließen

Das Grundphänomen, auf das ich in diesem Buch immer wieder zurückkomme, ist sehr einfach. Jeder kann es nachvollziehen. Es handelt sich immer wieder um das Öffnen und Schließen. Es ist einfach und doch grundlegend, denn es bestimmt jeden Tag unser ganzes Leben auf dem Planeten. Es ist ein Phänomen des Rhythmus, denn immer folgt auf ein Öffnen wieder ein Schließen. Jeder sieht es, wenn wir die Pflanzen beobachten, wie sie ihre Blütenkelche der Sonne gegenüber öffnen und am Abend wieder schließen. Jeder Mensch fühlt es beim eigenen Herzschlag, beim Ein- und Ausatmen, beim Wachen und Schlafen, beim Aufnehmen von Nahrung und beim Verdauen. Es ist auch auf subtiler Ebene zu beobachten, wie bei der Photosynthese, die bei allen grünen Pflanzen stattfindet. Sie ist vom Öffnen und Schließen bestimmt. Die Pflanzen nehmen Sonnenenergie, Wasser und Kohlendioxid auf und verwandeln diese in ihrem Inneren in Glucose und Sauerstoff. Das, was sie durch Öffnung aufgenommen haben, wird während ihrer Abgeschlossenheit verwandelt, um eine neue organische Substanz zu bilden. Unsere ganzen Zellen funktionieren durch Öffnen und Schließen. Bei der Zeugung findet die erste große Öffnung statt, wenn die Samenzelle auf die Eizelle stößt. Dann findet ein Verschließen statt, bei dem durch fortlaufende Zellteilung neues Leben entsteht. In jeder Zelle findet ein permanentes Öffnen und Schließen statt, ohne welches wir sterben würden. Dabei hilft Insulin als Türöffner, damit die Zelle die überlebenswichtige Glucose überhaupt aufnehmen kann.[18]

Ohne Insulin als Türöffner würde die Glucose nur im Blut zirkulieren und wir müssten sterben.

Ein eindrucksvolles Beispiel im Körper zeigt, dass das Öffnen und Schließen auch im Leben den Tod mit einbezieht.

18 accu-chek.de/ratgeber-diabetes/insulintherapie

Das können wir beim Phänomen der Apoptose beobachten.[19] Schließen bedeutet auch ausschließen. Der Körper reinigt und schützt sich durch den vorprogrammierten Zelltod. Dieser wird ausgelöst, sobald eine Zelle geschädigt oder funktionsunfähig ist. Sie macht Suizid und bewirkt damit Leben. Bei einer Virusinfektion beispielsweise stirbt eine infizierte Zelle, bevor sie sich im Organismus vermehren und ausbreiten kann. Der menschliche Körper hat verschiedene Strategien des Verschließens, um sich zu schützen. Er ist auf vielen Ebenen mit Öffnen und Schließen beschäftigt. Diese Beispiele mögen genügen, um das Phänomen des Öffnens und Schließens in seiner biologischen Bedeutung zu verstehen. Man kann auf biologischer Ebene mit Recht von einem **schöpferischen Prinzip** beim Öffnen und Schließen sprechen.

In unserem Geist findet auf subtiler Ebene das Öffnen und Schließen ebenfalls statt. Wir öffnen uns bei großem Interesse, Begeisterung und Liebe. Dabei öffnet sich unser ganzes physisches System: die Arterien weiten sich, die Durchblutung verbessert sich. Wir werden lebendiger. Bei Angst passiert der umgekehrte Vorgang. Unser Körper produziert unter Stress die Stresshormone Kortisol und Adrenalin, die Blutgefäße verengen sich. Unser Herz wird belastet. Bei einer kreativen Tätigkeit balancieren sich Öffnen und Schließen am ausgewogensten. Es ist ein Prinzip, das jeden kreativen Prozess begleitet. Wir werden sehen, dass dieses Prinzip eine elementare Bedeutung im Leben hat. Es kann in der Erziehung und im Unterricht zur Orientierung dienen, da es für jeden Menschen leicht nachvollziehbar und leicht zu beobachten ist.

---

19 studyflix.de/biologie/apoptose

Kapitel 2.2
Linke und rechte Gehirnhälfte

Öffnen und Schließen haben unmittelbar mit unseren beiden Gehirnhälften zu tun. Daher ist es wichtig, sich diesem Phänomen zu nähern. Es gibt viele Artikel über die Wirkungsweise der beiden Gehirnhälften. Übereinstimmend kann man feststellen, dass beide Seiten eine unterschiedliche Qualität haben und dass nur ein ausgewogenes Zusammenspiel dazu führt, dass wir unser ganzes kreatives Potential entfalten können. Nähere wissenschaftliche Untersuchungen haben festgestellt, dass eine Gehirnhälfte jeweils mit der gegenüberliegenden Körperseite interagiert. Das bedeutet, die linke Körperseite steht in enger Vernetzung mit der rechten Gehirnhemisphäre und umgekehrt. Außerdem feuern die Neuronen beider Hälften verschieden stark bei verschiedenen Tätigkeiten. Man kann die linke Gehirnhälfte mehr dem analytischen, strukturierten Denken zuordnen. Die rechte Gehirnhälfte steht in Verbindung mit einem ganzheitlichen Wahrnehmen, das eher bildhafter Natur ist. Das hat eine große Bedeutung für die Entwicklung unserer Kinder, sagt der Neurowissenschaftler Joachim Bauer. „Untersuchungen deuten darauf hin, dass unser Gehirn in seiner rechten Hälfte die Empfindungen speichert, die im Rahmen typischer menschlicher Situationen auftreten und zu erwarten sind."[20] Durch das Abspeichern von bildhaften Handlungsmustern in der rechten Hemisphäre erwirbt sich das Kind die Fähigkeit, intuitiv Handlungen vorzufühlen und verstehen zu können. Das hat auch Auswirkungen darauf, wie ein Kind Anweisungen und Aufträge von Erwachsenen verstehen und ausführen kann. Wie oft erwarten wir, dass Kinder einen Auftrag ausführen, den wir rein intellektuell angeordnet haben? Einige Kinder können hier abgeholt werden, andere jedoch nicht. Sie verstehen das gesprochene Wort nicht

---

20 Joachim Bauer: Warum ich fühle, was du fühlst – S.94

und versuchen, am Blick des Erwachsenen zu erkennen, was er oder sie möchte, da sie mehr in der rechten Gehirnhälfte leben. Da sie in der Schule mit dieser Technik wenig Erfolg haben, schauen sie, was die Nachbarin macht, und kopieren es durch Nachahmung. So rutschen manche Kinder durch den Unterricht. Verstanden haben sie auf diese Weise aber nicht. Die linke und die rechte Gehirnhälfte gehören zusammen, um höchste Leistungen zu erreichen. Wir sollten daher hinterfragen, wie viel wir als Lehrpersonen unsere Kinder in der Schule über die linke oder die rechte Gehirnhälfte unterrichten. Wir sollten als Eltern hinterfragen, wie bildhaft wir mit ihnen kommunizieren. Wir wollen uns daher nun mit dem kreativen Prozess beschäftigen.

Kapitel 2.3
Der kreative Prozess

Kreativität gehört zur Menschheitsgeschichte. Sie lässt die Entwicklung des Menschen in seiner Schönheit aufleuchten. Ohne sie wäre unser Leben nur funktional und zweckorientiert. Kreativität steht hinter den künstlerischen Werken, die uns seit den Höhlenmalereien der Steinzeit überliefert wurden und uns faszinieren. Jeder kennt diese Werke der Geschichte, viel weniger aber den Prozess, der dahintersteht. Worum geht es?

Eine bewusste, wissenschaftlich fundierte Untersuchung von Kreativität, die ein Modell des Kreativitätsprozesses suchte, wurde vor etwa hundert Jahren entwickelt. Dieses Modell hat es mir angetan, da es verständlich und anwendbar ist. Ich verzichte daher auf eine Darstellung anderer Definitionen. An dem Modell des Kreativitätsprozesses waren mehrere Wissenschaftler beteiligt, deren Beobachtung und Forschung in ein 4Phasen- Modell mündeten. Diese 4 Phasen gelten noch heute als die universellen Phasen, die bei jeder kreativen Gedankenarbeit und jedem problemlösungsorientierten Denken in ähnlicher Weise ablaufen. Hier findet man auch das Öffnen und Schließen, denn **jeder kreative Prozess beginnt mit divergentem Denken** (Problemstellung in alle Richtungen *offen* untersuchen) **und endet mit der Konvergenz** unseres Denkens, das sich *schließlich* für eine Lösung entscheidet und diese auch real umsetzt, sie verifiziert. Diese gegensätzlichen Prozesse des Öffnens und Schließens sind mit dem kreativen Prozess eng verbunden. Sie finden nicht nur in unserem Inneren statt. In jedem Gespräch, in jeder äußeren Handlung und in den Angeboten und Produkten der Welt liegen öffnende und schließende Faktoren verborgen, die ich auch gerne Opener und Closer nenne. Wozu brauchen wir die Nacht? Sie ist der große Opener nach einem Tag voll angespannter Verengung. Eingegrabene Gedankenverbindungen, die von Neurobiologen Gedankenautobahnen genannt werden, können wieder verlassen werden. Neue Vernetzungen sind möglich in der Nacht. Die Nacht schafft Erholung, weil sie uns befreit von den engen Verbindungen des Tages und weist uns durch Träume darauf hin, dass womöglich ganz andere Zusammenhänge eine Bedeutung haben, als wir tagsüber gedacht haben. Wir können diesen fruchtbaren Zustand der Nacht auch willkürlich herbeiführen, indem wir uns durch Entspannung und Ruhe tagsüber in einen Zustand versetzen, bei dem unsere Gedanken sich wieder neu vernetzen können.

Graham Wallace

Der kreative Prozess wurde 1926 von Graham Wallace beschrieben. Er teilt den Kreativitätsprozess in 4 Phasen ein: *Preparation, Inkubation, Illumination und Verifikation.*[21] Dies sind Phasen, die nicht nur kreativen Menschen in kreativen Berufen zustehen.

---

21 wework.com/de-DE/ideas/worklife/understanding-the-four-stages-of-the-creative-process

Jeder Mensch durchläuft diese Phasen, wenn er Entwicklungen erlebt. Das war den Bildungsforschern in den 1970er-Jahren bekannt und sorgte für einen Boom in der Gestaltung neuer Lehrpläne in den Schulen. Heutzutage taucht der Begriff Kreativität in der Schullandschaft nur am Rande auf. Er wird zwar selbstverständlich positiv bewertet, aber nicht in den Mittelpunkt des Schulwesens gestellt. Kompetenz ist der neue Schlüsselbegriff, nicht Kreativität. Dabei gehören sie zusammen. Betrachten wir das 4Phasen-Modell von Wallace näher, um die Chancen für Entwicklungsprozesse zu erkennen:

Preparation – *Vorbereitung auf Neues.* Jeder kennt den Prozess der Vorbereitung im Brainstorming. Das ist die Art von Gespräch, bei der man ein Problem in alle Richtungen offen bewegt. Das kann aus freiem Willen oder auch gezwungenermaßen geschehen. So lange im Leben, in der Arbeit, in der Beziehung alles im Gleichmaß verläuft, scheint die Welt in Ordnung zu sein. Das ist nicht verwunderlich, denn jede Ordnung, die sich etabliert hat, gibt Halt und Sicherheit. Man darf dabei jedoch nicht vergessen, dass dies ein geschlossener Zustand ist. Ist untergründig Veränderung angesagt, die man nur noch nicht erkennt? Konkret in der Wirtschaft: Ist das Produkt, das so lange erfolgreich war, auch in Zukunft wettbewerbsfähig? Politik: Geht es wirklich allen unter dieser Ordnung gut, oder streben einige wenige, denen es besonders gut geht, danach, diesen Zustand mit allen Mitteln zu erhalten, weil sie persönlich davon profitieren? Spätestens hier wird die Notwendigkeit deutlich, in die Preparation zu gehen, um Veränderung zu erreichen. Wird dieser Zeitpunkt verpasst, könnte das Produkt einen Einbruch erleben, von dem sich das Unternehmen nicht mehr erholt. In der Politik könnte der Unmut der Bevölkerung dazu führen, dass eine Abwahl die Folge ist.

Preparation bedeutet, die innere Motivation zu überprüfen und ein umfassendes Problembewusstsein zu entwickeln. Es ist leicht einzusehen, dass dies mit einer umfassenden Wahrnehmung einhergeht, die den Ist-Zustand von allen Seiten beleuchtet und sich für eine neue Betrachtung des Problems öffnet. Ein „Rundum-Blick" auf das Problem und auf die eigenen Ressourcen, sowie die Beachtung von Nachhaltigkeit sind in der Preparation notwendig.

Reines, intellektuelles Denken setzt sich mit Themen *auseinander*. Daraus folgt ein kritisches Denken, das durch Vergleichen nach dem besten Urteil sucht. Das ist legitim. Aber es wirkt beim Intellekt in erster Linie die linke Gehirnhälfte. Für ein umfassendes Problembewusstsein brauchen wir jedoch beide Gehirnhälften, in dieser Phase besonders die rechte und die Bereitschaft, warten zu können. Wir nehmen dadurch auch die Randfelder unseres Sehbereichs wahr, die wir womöglich übersehen haben. In unseren Gedanken gehen wir in einen divergenten Prozess, der versucht, alle Aspekte anzuschauen. Hier ist es sinnvoll, sich mit anderen auszutauschen, denn „Vier Augen sehen mehr als zwei", sagt ein Sprichwort. Bei der Preparation würde ein zu frühes Urteil und Schließen den schöpferischen Prozess unterbrechen. Hier ist eher Beschreiben und Charakterisieren gefragt. Es ist sogar hilfreich, untypische Denkbereiche zusammenzubringen. Dadurch können sich Nervenbahnen neu vernetzen. Dies ist die Einstimmung in den kreativen Prozess, die Preparation.

Inkubation – *Ausbrüten* – Dieser Teil des Prozesses findet im Inneren statt. Nun wird die Fülle des Materials, das man wie flutend gesichtet hat, bewusst oder halb träumend bildhaft verarbeitet. Sie muss „ausgebrütet" werden, damit etwas Neues „ausschlüpfen" kann. Hier sprechen wir auch von *Imagination*, da der Prozess bildhaft abläuft. Oft kommen die Eingebungen über Nacht. Es ist ein Prozess, den ein bekanntes Sprichwort so beschreibt: „Lass uns noch eine Nacht darüber schlafen." Gemeint ist, dass es oft sinnvoller ist, eine schwerwiegende Entscheidung auf den anderen Tag zu verschieben, denn leicht bereut man schnell getroffene Entscheidungen, die unter Zeitdruck getroffen wurden. Am anderen Tag könnte die

Sache auch anders aussehen und die Entscheidung entsprechend sich ändern. Inkubation bedeutet das Ausbrüten einer neuen Schöpfung. In der Biologie ist damit die Bebrütung des Eies oder die Zeit der Entwicklung des Keims im Ei gemeint, in der Medizin die Zeit zwischen Ansteckung und ersten Krankheitserscheinungen bei Infektionskrankheiten[22], in der Religionsgeschichte der Tempelschlaf, der im Traum göttliche Offenbarungen und Heilung von Krankheiten bringen sollte. „Im antiken Griechenland wurde in den Tempeln des Asklepios – wie etwa in Epidaurus oder auf Kos – die Behandlung von Krankheiten durch den Tempelschlaf praktiziert.[23]" Damit wird der tief verborgen liegende, schöpferische Aspekt von Inkubation deutlich.

Der wache Intellekt alleine erfasst nicht die Möglichkeit zu schöpferischen Prozessen. Jeder kreative schöpferische Prozess bezieht unbewusst verlaufende, träumende und vor allem bildhafte Prozesse mit ein. In diesen findet ein Ausbrüten von Neu-Schöpfungen statt.

Illumination – *Erleuchtung* – Die dritte Stufe im Prozess bedeutet schlicht „Erleuchtung". Es scheint ein spiritueller Moment zu sein, wenn wir eine Idee in uns „aufleuchten" sehen. So sah es jedenfalls Kirchenvater Augustinus, als er Illumination mit Erkenntnis zusammenbrachte: Illumination ist nach ihm die „Erleuchtung des menschlichen Denkens durch die Einstrahlung ewiger, göttlicher Wahrheit.[24]" An dieser Stelle des kreativen Prozesses bekommen wir Ideen, die das Ziel des „Ausbrütens" sind. Eine wunderbare Geschichte von Archimedes beschreibt anschaulich diesen Moment:

Gold oder nicht Gold? Das sollte der Mathematiker Archimedes von Syrakus (287 bis 212 v. Chr.) für König Hieron II.

---

22 flexikon.doccheck.com/de/Inkubationszeit
23 hypnose-kikh.de/tempelschlaf.html
24 spektrum.de/lexikon/philosophie/illumination/94

herausfinden. Der wollte nämlich wissen, ob seine Krone aus purem Gold bestand. Tagelang grübelte Archimedes, fand aber keine Lösung. Als er einmal ein Bad nahm, kam er auf die Lösung der kniffligen Aufgabe: Die Wassermenge, die er beim Einsteigen in die Wanne verdrängte und die über den Rand schwappte, entsprach nämlich genau dem Volumen seines Körpers. Vor Begeisterung rannte er nackt durch Syrakus und rief: „Heureka!" Ins Deutsche übersetzt, heißt das: „Ich hab's gefunden!" Zu Hause tauchte er die Krone und einen gleich schweren Goldbarren in einen Bottich. Wäre die Krone aus echtem Gold gewesen, hätte sie genau die gleiche Menge Wasser zum Überlaufen bringen müssen wie der Barren. So fand Archimedes heraus, dass ihr auch Silber beigemischt war.[25]

Archimedes kam auf die Lösung des Problems nicht durch fokussiertes, logisches Nachdenken. Im Gegenteil, er nahm erst einmal ein Bad. Entspannen und Loslassen sind notwendig, damit die Gedanken von selbst neue Verschaltungen finden können. Zu starke Identifizierung mit den eigenen Gedanken, mit dem, was wir Ego nennen, blockiert. Loslassen heißt also, sich in dem Moment nicht mit den eigenen Gedanken zu identifizieren. Wie geht das?

Die Identifizierung mit den eigenen Gedanken verschwindet in dem Moment, wo wir uns bewusst in einen träumenden Zustand begeben und uns meditativ mit unserem Körper oder mit der Umgebung verbinden. Meditativ bedeutet hier: hundertprozentige Körperpräsenz oder Verschmelzen mit der Umgebung.

Für meinen Alltag könnte das bedeuten, bewusst das Loslassen zu üben, mich aus dem Denken zu lösen und mich mehr auf meine Intuition zu verlassen. Es könnte mir helfen, aus einer hitzigen intellektuellen Debatte herauszukommen, indem

---

25 siehe auch: wikipedia.org/wiki/Archimedisches_Prinzip

ich mich auf die Gestalt meines Gegenübers, auf seine Mimik und Gestik konzentriere sowie auf die inneren Bilder, die seine Gedanken in mir verursachen und gleichzeitig jedes Urteil in mir vermeide. Ich schlüpfe quasi in den Anderen hinein und versuche zu fühlen, was er fühlt. Ich komme am besten aus der Anspannung meiner Gedanken am Abend heraus, wenn ich den Body Scan übe und innerlich ganz achtsam durch meinen Körper wandere.[26] Oder künstlerisch: Sobald ich mich ganz auf die Formen und Farben meiner Umgebung konzentriere, beginne ich, mehr zu fühlen und meine Gedanken zum Schweigen zu bringen. Dieses Loslassen kann mich in einen Zustand versetzen, in dem die Lösung für ein Problem ganz von alleine plötzlich auftaucht.

Verifikation – *Vollendung* – Die letzte Stufe des kreativen Prozesses hat mit der Auswertung und der Überprüfung, mit Durchhalten und Willensstärke zu tun. Jeder, der ein Instrument erlernt hat, weiß, was Durchhalten heißt. Am Anfang des Übens klingt es einfach nicht so, wie ich es möchte. Die Vorstellung von einem bestimmten Klangerlebnis ist viel eher da als das Klangergebnis meiner Übung. Üben macht erst dann Spaß, wenn man es als einen kreativen Prozess versteht. Erst wenn man das Üben nicht mehr als Kraftakt und Disziplin erlebt, sondern das Loslassen einbezieht, kommt man in den ersehnten Flow, bei dem es keinen Unterschied mehr zwischen Arbeit und Spiel gibt, zwischen Anstrengung und Geschehen lassen. Genau genommen wird jedes Klavierstück erst dann lebendig, wenn man sich von ihm auch nach dem hundertsten Mal überraschen lassen kann und gleichzeitig den perfekten Klang im Ohr behält, den man sich vorstellt. Die Verifikation erfordert ein intensives Durchhalten, ein Dranbleiben an der Vision, sobald man sie gefunden hat. Sie ist daher sehr vom *Schließen* geprägt. In der Industrie wird in dieser Phase das

---

26 tk.de/action/techniker/2000110/tksearch?q=bodyscan

Produkt oder die Idee auf seine Tauglichkeit überprüft, bevor es in die Produktion geht. Nach einem gelösten Konflikt ist es die Phase des Einübens neuer Abmachungen.

Schlussgedanken

Zusammenfassend kann man den kreativen Prozess als heilsam erleben, wenn man dabei entspannt bleibt und sich weniger auf das Produkt als auf den Prozess konzentriert, nach dem Motto: „Der Weg ist das Ziel." Das nimmt der Kreativität ihre Unerreichbarkeit. Es geht nicht mehr darum, etwas zu leisten, sondern immer wieder den kreativen Prozess zu wagen. Jeder kreative Prozess besteht also aus 4 Teilen, die aufeinander aufbauen. Das kann blitzschnell gehen oder sich in fortlaufenden Schleifen dauernd wiederholen. Er kann bewusst oder unbewusst beginnen, wie bei einer Streitschlichtung, bei der ich mich für mein Gegenüber öffne, weil ich die Notwendigkeit einer Öffnung spüre. Er kann aber auch bewusst eingesetzt werden bei der Entwicklung eines hochwertigen Produkts. Beim kreativen Prozess steht die bildhafte Wahrnehmung wegen ihres divergenten Charakters eher am Beginn und das strukturierte Denken mit dem Charakter von Konvergenz eher am Ende dieses Prozesses. Wer kreativ ist, spielt außerdem mit dem Wechsel der beiden Gehirnhälften. Dabei ist es notwendig, dass die beiden Gehirnhälften vorher vernetzt werden. Das wiederum geht leichter, wenn man in Bewegung ist. Schauspieler lernen ihre Rollen am besten, wenn sie dabei gehen. Eine Studie der Stanford University belegt, dass sich die Kreativität durch Gehen steigern lässt. Kinder sind besser auf das Lernen vorbereitet, wenn sie morgens zur Schule gelaufen sind.[27] Das gibt zu denken, wenn man kreativ sein und mit

---

27 wissenschaft-aktuell.de/artikel/Gehen_macht_
kreativ1771015589548.html

Kindern kreativ arbeiten möchte. Trotz der weit verbreiteten Akzeptanz von Kreativität gibt es Menschen, die nicht verstehen können, kreativ zu sein. „Ich kann nicht malen. Ich kann nicht singen", sind Antworten von Menschen, die Kreativität deshalb noch nicht kennengelernt haben, weil sie sich womöglich durch Erziehung und Schulbildung stark in der linken Gehirnhälfte aufhalten und sich zu sehr auf das Ergebnis fokussieren. Ich vermute, dass das der Grund ist, warum sich gerade in Krisensituationen wie Corona viele Menschen nicht mehr verstanden haben. Die einen sahen das Problem aus höchster Fokussiertheit, die anderen nahmen es als Aufforderung, sich damit kreativ auseinanderzusetzen. Ein Problem lässt sich jedoch nur dann einvernehmlich lösen, wie wir gesehen haben, wenn man damit kreativ umgeht.

Der Prozess zusammengefasst

- Im **1. Teil** entscheiden wir uns zum **Innehalten**, zur **Besinnung** und inneren **Ausrichtung**: Wo wollen wir hin? Was sind unsere Ziele? Was ist unsere Motivation: Angst oder Liebe? Dann brauchen wir die Bereitschaft, neu und flexibel zu denken und in Liebe ein umfassendes Problembewusstsein zu entwickeln. Wir müssen in einen weiten, offenen Prozess gehen, bei dem noch alles möglich ist. Hier muss Recherche betrieben werden, Sammlung von Fakten, Einbeziehung von Gegensätzen und assoziativen Gedanken. Hier braucht es die Überwindung, den ersten Schritt zu machen und mit anderen Menschen in einen offenen Dialog zu gehen. Menschen, die kreativ sein wollen, sollten an dieser Stelle noch nicht an das Produkt denken. Sie sollten nur prüfen, ob sie offen für den Prozess selbst sind. Nur wenn sie offen bleiben, kann etwas Neues geschaffen werden.
- Im **2. Teil** lassen wir das Denkmaterial bildhaft für sich arbeiten. **Wir lassen los.** Wir geben den unbewussten Prozessen in uns Zeit, Lösungen zu erahnen. Wir brüten. Neue

Neuronenbahnen können sich verknüpfen, alte Wege verlassen und neue, ungewohnte gefunden werden.

- Im **3. Teil** lassen wir uns im entspannten Zustand von **Ideen** und tieferen **Einsichten** beschenken.
- Im **4. Teil** müssen wir uns nach der Überprüfung ganz der Umsetzung widmen, beharrlich am Gefundenen festhalten und dürfen nicht mehr vom Weg abweichen – **Durchhalten** ist angesagt.

Kreative Kreisläufe

Der ganze Prozess ist nie endgültig. Er wiederholt sich bestenfalls, bis eine noch bessere Lösung gefunden wird. Kreative Prozesse bedeuten, dass wir **in Kreisläufen denken** müssen, denn sobald eine gefundene Lösung sich als untauglich herausstellt, beginnt der kreative Prozess von vorne mit der Preparation, dem Anschauen aller Faktoren und dem Suchen nach einer neuen Lösung. Es kann auch nötig sein, während des Brütens zur ersten Phase zurückzugehen, falls wir in der zweiten Phase ohne Ergebnis stecken bleiben. So gut wie jeder kreative Prozess beginnt in gewissem Sinne mit dem Ende des Prozesses, denn wir steigen nicht ohne Motivation, ohne Sinn und Ziel in den Prozess ein. Dieses Ziel sagt aus, wohin wir letztlich kommen wollen: Bei einem Konflikt ist es die einvernehmliche Lösung, das friedliche Miteinander, das wir als Ziel anstreben. Bei einem Musikstück habe ich vor Augen, für welchen Zweck ich es komponiere. Bei einem schulischen Prozess definiere ich zuerst mit dem Schüler oder der Schülerin, wohin wir kommen wollen, was unsere Lernziele sind. Dadurch wird deutlich: Die einzelnen Phasen des Prozesses, bei denen wir uns öffnen oder schließen, sind nur scheinbar linear und getrennt voneinander. Sie durchdringen sich in Wirklichkeit in einem Kreislauf. Wenn wir uns weiterentwickeln, wird dieser Kreislauf zu einer Spirale, da wir in der neuen Preparation auf einer höheren Stufe beginnen.

Beim Künstler ist der schöpferische Prozess wie in einem lebendigen Kontinuum, bei dem die Phasen zwischen der Preparation und der Verifikation fast gleichzeitig ablaufen. In einem Buch zu Edith Müller-Ortloffs Bildteppichen wird dieses lebendige Kontinuum schön beschrieben. Der Künstler tritt auf als Vermittler zwischen zwei Welten: „Er ist also Vermittler zwischen zwei Welten, der unsichtbaren und der sinnlich-materiellen. Er muss sich dementsprechend entleeren, sich loslassen, um aufnehmen, empfangen zu können. Er muss alle verfügbaren Kräfte anspannen, um zu gestalten. Er muss also gleichzeitig passiv aufnahmebereit und aktiv tätig sein. Die Gleichzeitigkeit von empfangender Passivität und gestaltender Aktivität charakterisiert aber das Schöpferische schlechthin[28].“ Beim Künstler zeigt sich der kreative Kreislauf im Verdichten und wieder Auflösen während seines Schaffens. Ohne das Arbeiten in Kreisläufen entstehen leicht verfestigte, geschönte Bilder, die keine Lebendigkeit mehr ausdrücken.

Kapitel 2.4
Ringen um Balance

Unser Leben bewegt sich immer zwischen zwei Polen. Das sind gegensätzliche Zustände, die wir ausgleichen. Tun wir dies nicht, fallen wir aus der Balance. Wenn wir zu lange wach sind und uns der Schlaf fehlt, werden wir gereizt, unkonzentriert und unausgeglichen. Unsere Leistungsfähigkeit nimmt ab. Selbst wenn wir einen ausgewogenen Lebensstil haben, viel Sport treiben, uns gesund ernähren und uns um eine Work-Life-Balance bemühen, gibt es noch genug Möglichkeiten, um aus der Balance zu fallen. Meist sind es die Beziehungen, nach

---

28 Edith Müller-Ortloff, Bildteppiche in Wolle und Seide, Verlag des Südkurier Konstanz, S.36

denen wir uns sehnen, die uns gleichzeitig herausfordern und uns aus der Mitte bringen können. Das geschieht in der Familie, in der Partnerschaft, aber auch bei Konflikten im großen Weltgeschehen.

Wie können Konflikte gewaltlos gelöst werden? Viele Kriege des letzten Jahrhunderts wurden eingeleitet mit einem Waffenstillstand, auf den Friedensgespräche folgten mit einem abschließenden Friedensabkommen. Eine Zeitlang herrschte Frieden. Doch nach kurzer Zeit entstanden neue Abhängigkeiten.[29] Man kann daran sehen, dass konfliktlösende Gespräche unerlässlich sind, um einen Frieden einzuleiten. Dennoch braucht es mehr, um einen dauerhaften Frieden zu gewährleisten. Papst Johannes Paul XXIII. spricht von der Verpflichtung für alle Menschen, den Frieden zu sichern.[30] Es ist ein aktiver Prozess, Frieden zu bewahren, an dem alle Menschen beteiligt sind. Wir müssen den Frieden halten, wenn er erst einmal gefunden wurde. Er ist nicht allein durch Gesetze garantiert, er muss permanent erobert und aktiv gefestigt werden. Er muss ausbalanciert werden. Das beginnt damit, dass man seine Beschränkungen erkennt.

Beschränkungen erkennen

Ordnung muss sein, aber ohne die Freiheit, Dinge auszuprobieren, kann keine Entwicklung geschehen. Entwicklung braucht eine Vereinigung der Gegensätze von Konservatismus und Erneuerung. In dem Film „Der ganz große Traum" kämpft ein englischer Lehrer um die Freiheit, den englischen Fußball an eine preußische Schule zu bringen. Man spürt es den Schülern an, wie sie sich nach einer Befreiung vom starren preußischen Drill sehnen. Sie leben beim Fußballspiel auf, doch die

---

29 siehe Anhang zu Konflikten in Korea, Nicaragua, Golfkrieg, El Salvador
30 vatican.va Enzyklika Pacem in Terris

konservativen Leiter der Schule stellen sich ihm mit aller Kraft entgegen. Es entbrennt ein erbitterter Kampf zwischen hemmenden und erneuernden Kräften im Schulwesen. Das einzige Argument, das ihm entgegenschlägt: „Das wollen wir nicht. Wir wollen, dass alles beim Alten bleibt."

Veränderungen fordern heraus. Das will nicht jeder, denn es ist unbequem. Niemand möchte in einem engen Käfig leben, und doch bauen wir uns manche Beschränkungen im Alltag auf, meist ohne es zu wissen. Wir lieben unsere Freiheit und doch folgen wir oft einem Grundmuster, das uns Halt und Orientierung verspricht, aber gleichzeitig unsere Freiheit einschränkt. Es ist eine *Beschränkung*, die uns vor ungewohnten Veränderungen schützen soll. Wir fühlen uns sicher und verpassen womöglich wichtige Impulse, die wir brauchen, um uns weiterzuentwickeln. Wie viele Begegnungen nutzen wir, um daraus etwas Neues zu erfahren? Oder wollen wir doch nur im Gespräch bestätigt bekommen, was wir schon vorher als Überzeugung in uns tragen? Gewohnheiten, Meinungen, Vorurteile können unsere Sichtweise behindern. Ohne sie könnten wir neue Wege gehen und neue Erfahrungen machen, die unseren Blick auf die Welt erweitern. Besonders starke Schranken bauen wir in uns auf durch einengende *Denk- und Glaubensmuster*. Sie liegen tief in uns und sind uns oft nicht bewusst. Sie bestimmen unsere Interpretation von der Wirklichkeit und formen unser Handeln und unseren Charakter.

Da wir die meisten dieser Interpretationen in der frühen Kindheit gebildet haben, ist es von Vorteil, seine Ansichten vom Leben zu überprüfen. Ohne die Überprüfung der erlernten Glaubensmuster unserer Kindheit könnten wir sonst Beschränkungen folgen, die uns unserer Freiheit berauben. Man könnte daher mit Recht sagen: *Glaube nicht alles, was du denkst.* Ein altes Sprichwort zeigt, dass die prägende Bedeutung von Glaubensmustern schon früher den Menschen bekannt war. Es heißt in einer alten Handschrift:

Achte auf Deine Gedanken, denn sie werden Worte.
Achte auf Deine Worte, denn sie werden Handlungen.
Achte auf Deine Handlungen, denn sie werden Gewohnheiten.
Achte auf Deine Gewohnheiten, denn sie werden Dein Charakter.
Achte auf Deinen Charakter, denn er wird Dein Schicksal.[31]

Jede Gewohnheit entspringt also einer tieferen Grundüberzeugung. Sie gibt uns Halt und Orientierung. Sie kann aber auch irgendwann zu einer Beschränkung werden, wenn wir sie nicht von Zeit zu Zeit hinterfragen. Sonst folgen wir ihr, selbst wenn sie uns einengt und behindert. Dann hat Kreativität in unserem Leben keinen Platz mehr.

Jeder, der mit Menschen arbeitet, hat Erfahrungen mit deren Beschränkungen. Das gilt für Erwachsene genauso wie für Kinder. Als Lehrperson oder Elternteil ist es oft schwierig, Kinder zu fördern, die aus verschiedenen Gründen Beschränkungen aufgebaut haben und dadurch weniger vom Unterricht in der Schule profitieren können. Diese Kinder geben uns Rätsel auf und blockieren den Fluss unserer Erziehungsziele. Dabei tragen sie keine Schuld, denn sie haben diese Barrieren oft unbewusst aufgenommen. Sie leiden jedoch am meisten darunter. „Warum verstehe ich die Aufgabe nicht?" „Warum habe ich Probleme mit meinen Mitschülern?" „Warum habe ich so wenig Selbstvertrauen?" Diese Kinder sehnen sich danach, dass ihnen jemand hilft, ihre inneren Schranken zu durchbrechen und gleichzeitig eine gute Beziehung zu ihnen aufzubauen. Beschränkungen haben ein polares Gegenstück: Die Öffnung. Es sind zwei Gegensätze, die sich beide bedingen.

---

31 1000-zitate.de/11683/Achte-auf-Deine-Gedanken-denn-sie.html

Gegensätze vereinen

Ein Blick in die Vergangenheit zeigt, dass die Gegensätze von Beschränkung und Öffnung sich ständig abwechseln. Die Geschichte zeigt uns genug Beispiele, wie Beschränkungen eine Entwicklung behindern können. Dabei sehnen sich alle Menschen nach Öffnungen. Öffnende Momente haben ein ansteckendes Potential, da sich jeder nach Freiheit und Selbstbestimmung sehnt, doch sie entarten leicht in neue Einengungen.

Nach dem explosiv öffnenden Ereignis der Französischen Revolution gab es viel Ernüchterung. Die Ideale Freiheit, Gleichheit, Brüderlichkeit waren der inspirierende Motor für viele Menschen, doch statt einer Befreiung des Denkens wurde ein neues Terrorsystem von denen errichtet, die sich ursprünglich nach einem wahren Frieden sehnten. Enge und Gewalt waren die Folgen. **Friedrich Schiller** schrieb in dieser Zeit seine ästhetischen Briefe. Er war von der Verrohung der Revolution angewidert und versuchte zu verstehen, woran es liegt, dass eine Revolution so viel Verderben nach sich ziehen kann. Er sah das Problem im Menschen selbst, dem es nicht gelang, bestimmte **Gegensätze in sich zu vereinen**, die jeder in sich trägt.[32] Er ging davon aus, dass ein ausgeglichener, harmonischer Mensch, der das Künstlerische in sich entwickelt, eher ein Gefühl für Schönheit, Mitgefühl und Wahrhaftigkeit entwickelt als ein Mensch, der keine Kunst kennt. Kunst und kreative Prozesse waren für ihn das entscheidende Erziehungsmittel für eine Gesellschaft, die nicht verrohen will, da hier der Mensch am besten seine Balance findet. In ähnlicher Weise sah es Joseph Beuys. „Mithilfe seiner Kunst sollten die Gesellschaft, die Natur geheilt und Gegensätze überwunden werden[33]." Die Heilung von unversöhnlichen Gegensätzen gehört

---

32 Friedrich Schiller (1759–1805): Über die ästhetische Erziehung des Menschen

33 artinwords.de/joseph-beuys/

auch für Beuys zu einer friedensstiftenden Zukunft. Sie kann aber nur durch künstlerische Prozesse überwunden werden. Durch Unversöhnlichkeit bleiben Gegensätze in ihrer Polarität bestehen. Es setzt sich der Stärkere durch mit Macht und Manipulation. Erst wenn Gegensätze miteinander arbeiten und spielen, entsteht etwas Heilsames und Schönes. Kompromisse und Zugeständnisse schaffen Heilung und führen die Menschen und die Natur in die Balance. Das vermag Kunst. Kunst hat nach Beuys somit die Aufgabe, den Menschen in die Balance zu führen. Sie allein kann ihn empfänglich machen für Schönheit und Harmonie.

Die Gründer von **Arthelps** in Stuttgart haben genau diese Kraft in der Kreativität erkannt und ein Sozialwerk gegründet, das die Kunst in Konfliktgebieten wie der Ukraine, Syrien, Irak und Afrika einsetzt. Ihre Vision überzeugt: „Für uns ist Kunst der beste Weg, zu helfen. Sie schafft Brücken und erlaubt uns, in einer Sprache zu kommunizieren, die universell verstanden wird. Sie fördert das Verständnis, Toleranz und Integration fremder Lebensweisen und Kulturkreise", steht auf ihrer Website.[34]

Worin unterscheidet sich dieses Sozialwerk von anderen Hilfswerken? Sie liefern ebenfalls Hilfsgüter in Krisengebiete.

In ihren kreativen Workshops lernen die geplagten Menschen darüber hinaus, ihre Persönlichkeit wieder zu stärken, indem sie eine Plattform bekommen, bei der sie ihr kreatives Potential entfalten können. Die Produkte und Kreationen, die dabei entstehen, werden verkauft. Dadurch erleben diese Menschen ein Stück Selbstwirksamkeit, und das gibt ihnen Mut und Vertrauen in ihre Zukunft. Dabei werden grundlegende Bedürfnisse erfüllt.

---

34 arthelps.de/pages/vision

Bedürfnisse ausbalancieren

Die Beachtung von Bedürfnissen spielt beim Ringen um Balance eine bedeutende Rolle. Hunger, ein fehlendes Dach über dem Kopf und die ständige Ungewissheit, weiter am Leben zu bleiben, spricht zentrale Grundbedürfnisse an. Menschen verlieren ihre Würde, wenn man ihnen ihre Grundbedürfnisse verweigert. Sie werden geschwächt und manipulierbar. Die Achtung der Grundbedürfnisse ist daher eng mit den Grundrechten verbunden. Hiermit stärken wir die **Würde** des Menschen. Und diese hat mit Balance zu tun. Menschen, die eine Balance in sich finden, finden eher in ihre Würde hinein. Sie wirken aber auch auf andere Menschen und auf die Natur ausgleichend. Sie sind bemüht, alle Aspekte eines Problems umweltschonend zu berücksichtigen. Das fand auch Joseph Beuys heraus. Er sprach die Menschen der Nachkriegszeit an, die aus der Balance geraten und damit das Gleichgewicht in der Natur stören. Sein Gegenmittel war die Kunst, die Gegensätze ausbalanciert. So ist es aber auch heute. Die gigantischen Umweltzerstörungen unserer Zeit entspringen sicherlich nicht einer ausbalancierten wirtschaftlichen Vorgehensweise. Aber auch im privaten Bereich ringen wir den ganzen Tag damit, eine Balance zwischen unseren Bedürfnissen herzustellen. Das ist auch nötig, um zu guten Entscheidungen zu kommen. Ich frage mich immer, wie Politiker zu ausgewogenen Entscheidungen kommen wollen, die ihre Sitzung die ganze Nacht über abhalten.

Wie können wir die Grundbedürfnisse definieren? Was sollte neben den essentiellen Bedürfnissen wie Nahrung und Unterkunft jedem Menschen zustehen und daher sowohl bei kreativen Tätigkeiten als auch in Konfliktsituationen beachtet werden? Alfred Adler, der Begründer der Individualpsychologie, spricht hier von 4 zentralen psychologischen Grundbedürfnissen im Menschen.[35] Für eine gesunde psychische Entwicklung müssen folgende Grundbedürfnisse erfüllt werden:

---

35 he-institute.ch/das-psychologische-konzept-menschlichen-handelns/

- das Bedürfnis, dazuzugehören, eine Bedeutung zu haben
- das Bedürfnis, besser zu werden, zu wachsen und zu lernen
- das Bedürfnis nach Wertschätzung
- das Bedürfnis nach Ermutigung

Es folgen noch weitere elementare Grundbedürfnisse:

- das Bedürfnis nach körperlicher und emotionaler Nähe
- das Bedürfnis nach stabilen Beziehungen und einem sicheren Ort
- das Bedürfnis nach Autonomie und eigenverantwortlichem Handeln

Diese Grundbedürfnisse wollen in der Schule und im Elternhaus erfüllt werden. Kein Grundbedürfnis sollte übersehen werden, wenn wir die Kinder bestmöglich in ihrer Entwicklung fördern wollen. Damit stärken wir ihre Persönlichkeit. Kinder reagieren sehr stark darauf, ob wir ihre Bedürfnisse erfüllen oder nicht. Ein Beispiel: Kein Kind ist bereit, sich etwas sagen zu lassen, wenn die Erzieherin, die Lehrpersonen oder die Eltern nichts von seinen Bedürfnissen hören wollen und ein Urteil oder eine Strafe bereits feststehen. Sie fühlen sich dann nicht mehr verstanden und rebellieren. Daher ist bei einem Konflikt die Frage von Bedeutung, ob ein elementares Grundbedürfnis des Kindes unerfüllt geblieben ist.

Die Bedürfnislage ist bei jedem Menschen anders gewichtet. Jeder legt sich aufgrund seiner Erfahrungen in der Kindheit unbewusst eine *Leitlinie*, ein inneres Programm zurecht, das seinen Lebensstil und damit seinen Persönlichkeitstyp prägt. So beschreibt es Adler. Dabei spielen unerfüllte Bedürfnisse eine wesentliche Rolle (ebd.). Kinder spüren genau, wenn ihre Bedürfnisse nicht erfüllt werden, aber sie ziehen oft die falschen Schlüsse daraus, da ihr Denkvermögen noch nicht ausgereift ist. Das sind beispielsweise falsche Grundannahmen über das Leben und die Mitmenschen, die ein Kind blockieren können. Das geschieht schon in den ersten Lebensjahren, bevor das Kind in die Schule kommt (ebd.).

Gerade die unerfüllten Grundbedürfnisse sind es, die Kinder zum Rebellieren bringen. Sie brauchen daher von ihren Bezugspersonen die liebevolle Korrektur ihres Denkens. Manche Kinder brauchen in der Schule viel Hülle, Ermutigung und Wertschätzung, weil sie diese in ihrem Elternhaus nicht erfahren haben. Kinder mit einem gut entwickelten Selbstwertgefühl dagegen legen vielleicht mehr Wert auf Gelegenheiten, sich auszudrücken. Kinder, die zu Hause keine stabilen Beziehungen erleben, sind stärker auf eine gute Beziehung zu ihrer Lehrperson angewiesen, um wachsen zu können. Treffen nun Menschen mit verschiedener Bedürfnislage aufeinander, können Konflikte entstehen. Es ist, als würden alle Beteiligten an einem Seil in verschiedene Richtungen ziehen, um vorwärtszukommen.

Kinder geraten in der Schule schnell in innere Konflikte, wenn sie von ihren unerfüllten Bedürfnissen überflutet werden. Während das eine Kind mehr Geschlossenheit und Ordnung braucht, sehnt sich vielleicht das andere gerade nach Bewegung und Erlebnis. Besonders verschieden sind die Bedürfnisse, wenn sich ungeklärte Beziehungen über die Zeit verfestigen und Kinder zu eigenen, unreflektierten Handlungen neigen. Die Zugehörigkeit in der Gruppe spielt dabei eine besondere Rolle in der Schule. Beispiel Mobbing: Die einen schließen sich zusammen und meiden ein anderes Kind, das sie nicht verstehen. Dann sind Mobbing Tür und Tor geöffnet. Alle Grundbedürfnisse werden schlimmstenfalls bei einem gemobbten Kind nicht mehr erfüllt. Lernen ist dann fast unmöglich. In solchen Konflikten müssen erst einmal die Bedürfnisse aller Beteiligten geklärt und geordnet werden. Wenn wir die Bedürfnisse unter dem Aspekt von öffnenden und schließenden Bedürfnissen betrachten, können wir sie bei unseren Kindern leicht erkennen. So ist jedes Kind besser zu verstehen. Wir bekommen im Zusammensein intuitiv eine Ahnung davon, wo es mit seinen Bedürfnissen steht und können besser darauf eingehen. Es ist leicht einzusehen, dass es bei 20 oder mehr Kindern in einer Klasse eine enorme Leistung ist, auf die

Bedürfnisse aller Kinder einzugehen und diese auszubalancieren, die eigenen Bedürfnisse eingeschlossen.

Fassen wir zusammen:
Balance ist ein individueller Prozess zwischen öffnenden und schließenden Momenten in mir, die abhängig vom Persönlichkeitstyp und meinen Bedürfnissen sind, die ich in mir trage. In einer Klasse oder in einer großen Familie müssen die verschiedenen Bedürfnislagen von der Lehrperson bzw. von den Eltern ausbalanciert werden. Das braucht eine hohe kreative Beweglichkeit.

TIPPs

- Sind wir uns bewusst, welche elementaren Bedürfnisse unsere Kinder haben? Wenn wir diese kennen, können wir sie glücklich machen, und wenn sie glücklich sind, werden sie sich von uns eher etwas sagen lassen.
- Wir können als Eltern und Lehrpersonen nicht verhindern, dass von den oben erwähnten Grundbedürfnissen einige bei unseren Kindern nicht erfüllt wurden. Wir können aber die Zusammenarbeit zwischen Schule und Elternhaus mehr auf die Erfüllung dieser Grundbedürfnisse ausrichten.
- Wenn wir die oben erwähnte *Leitlinie* des Kindes verstehen, können wir ihm besser helfen, seine Beschränkungen aus dem Weg zu räumen.
- Wir können uns dafür einsetzen, dass unsere Kinder außerhalb der Schule Erfolge feiern und Zugehörigkeit erleben, wie in Vereinen und in der Musikschule. Wir müssen nur darauf achten, dass die außerschulischen Aktivitäten nicht zu einer neuen Quelle von Leistungsdruck führen.

Kapitel 2.5
Kunst und Kreativität

Balance hat auch mit unserer Offenheit gegenüber Kunst zu tun. Diese hängt davon ab, wie sehr wir uns mit Kunst und kreativen Prozessen beschäftigen. Die Frage gibt daher der Beschäftigung mit Kunst eine neue Bedeutung, denn sie ist die Königin des kreativen Prozesses. Hier werden Gegensätze überwunden, indem sie bestehen dürfen und zu etwas Höherem verwandelt werden. Der Künstler spielt in seinem Kunstwerk mit Gegensätzen. Nur durch eine Balance zwischen den Gegensätzen entsteht eine künstlerische Spannung.

Welche Bedeutung haben Kunst und Kreativität in der Schule und im öffentlichen Leben? Diese Frage ist meiner Ansicht nach von hoher gesellschaftlicher Bedeutung, denn Kunst und Kreativität sind eng mit Entwicklung verbunden.

Auf dem Kunstmarkt gelten längst die Gesetze der Marktwirtschaft. Das Handeln mit Kunst unterscheidet sich kaum vom Handeln mit anderen Objekten wie Lebensmitteln, Rohstoffen oder Technik. Kunst wird wie Aktien gekauft und angelegt, um später höhere Gewinne abzuliefern. Dafür wird sie zum Teil sogar in Keller verbannt. Es gibt mittlerweile viele Angebote, sein Geld in Kunst als Investment anzulegen. Gleichzeitig interessieren sich in Deutschland nur ca. 10 % der Bevölkerung für Kunst.[36] Museen sind damit etwas für eine Randgruppe. Dabei hat Kunst durchaus das Potential, gesellschaftliche Entwicklungen anzustoßen. Kunst im provinziellen Milieu ist anregend für die Bevölkerung. Sie wird jedoch auf politischer oder Gesellschaft prägender Ebene nicht ernst genommen.

Nicht ernst genommen fühlen sich auch Künstler, die nach Jahren des Erfolges plötzlich vom Finanzamt als Hobbykünstler

---

36 statista.com Umfrage zu: Interesse an Kunst und Kultur

eingestuft werden, weil sie zu wenig verkauft haben. Das ist entwürdigend.

In der Schule werden Fächer wie Musik und Kunst oft in das Fach NMG (Natur, Mensch, Gesellschaft) integriert. Sie sind also Beiwerk ohne größere Bedeutung für den späteren Abschluss.

Eine innovative Schule, die etwas auf sich hält, wird dagegen gerade diese Fächer in ihren Lehrplan aufnehmen. Wieso eigentlich?

Eine innovative Schule, privat oder öffentlich, erkennt die Bedeutung von Kreativität. Sie wird diese Fächer als wertvoll für die Entwicklung des Kindes ansehen, weil sie ein kreatives und entwicklungsförderndes Potential in sich tragen. Wohin führt unsere Gesellschaft ohne Kunst und die Balance der Gegensätze?

Was wir alle kennen, ist die Geradlinigkeit, die einen Aspekt hervorhebt und andere ausschließt. Eingleisigkeit ist die Folge von rein zweckorientierter, fokussierter Aufmerksamkeit.

Ein Beispiel aus der Wirtschaft soll das verdeutlichen.

Schnelles Wachstum war nach dem Krieg nötig, um die vielen hungernden Menschen zu versorgen. So entstanden gigantische Monokulturen beim Ackerbau und in der Forstwirtschaft, die im Norden Deutschlands jetzt zu einer Austrocknung des Bodens, zum Absterben von Bäumen und zu Waldbränden führen.[37] Monokulturen brauchen zudem mehr Einsatz von Pestiziden als ökologisch angelegte Felder, da sie anfälliger gegen Schädlinge sind. Sie verursachen Umweltschäden in Milliardenhöhe, für die der Steuerzahler, nach Einschätzung von Wirtschaftsexperten, in der Schweiz zur Hälfte aufkommt.[38] Monokulturen sind ein prägnantes Bild für einseitiges und ausschließendes Denken. Sie sind geradlinig wie

---

37 Arte Doku Dürre in Europa, 21.7.22
38 srf.ch vom 14.9.2020

Autobahnen, die kein Abweichen zulassen. Sie sind ein Gegenbild des kreativen Prozesses und lösen die drängenden Probleme unserer Zeit nicht nachhaltig. In diese Richtung laufen alle Bestrebungen, global für die Menschen zu entscheiden, was sie tun dürfen und was nicht. Überlässt man den Menschen kreative Räume, um etwas Gesellschaftsrelevantes zu kreieren, entstehen Hochkulturen mit beeindruckender Architektur, Kunsthandwerk und vielen Manufakturen. Wir bewundern sie und unterstellen sie dem Unesco-Weltkulturerbe, müssen aber erschreckt feststellen, dass unsere eigene Kultur nicht im Entferntesten an diese Schönheit herankommt.

Die Zeit ist reif, vieles zu hinterfragen und neu zu denken, da unsere Welt bedrohlich erscheint und keine sichere Zukunft verspricht. Einstein hat die Notwendigkeit eines kreativen Denkens so ausgedrückt: „Man kann Probleme niemals mit derselben Denkweise lösen, durch die sie entstanden sind."[39] Kreativität ist deshalb der beste Schlüssel für die Lösung von Problemen, weil hier die Probleme selbst zum Schlüssel für einen ganzheitlichen, schöpferischen Prozess werden, der öffnet und Knoten löst. Kunst könnte eine innovative Rolle übernehmen, um zu einer kulturellen Ausgeglichenheit zu finden. Dazu müsste sie eine führende Rolle in der Schule spielen.

Kapitel 2.6
Lern-Beziehungen wieder öffnen

Wir haben eingangs gesehen, dass das Lernen unmittelbar mit der Herstellung einer guten Beziehung verbunden ist. Gute Beziehungen sind aber kein Alleingänger. Sie müssen geschaffen werden. Wir leben in einer konfliktreichen Gesellschaft. Beziehungen sind in Gefahr. Das fängt mit dem Elternhaus an,

---

39 unser-zukunftsrevier.de. – Zitat von Einstein

durchzieht die Schulzeit und endet in den vielfältigen Konflikten, die erwachsene Menschen miteinander ausleben.

Es sind aber nicht nur die offenen äußeren Konflikte, die Sorgen bereiten. Die Zahl der jungen Menschen, die unter psychischen Störungen leiden, ist in den letzten Jahren stark gestiegen.[40]

Sie tragen *innere Konflikte* aus, die sie nicht allein lösen können. Dazu braucht es eine gelungene Kommunikation. Es fühlen sich aber immer mehr junge Menschen einsam, trotz intensiver Kommunikation in den sozialen Medien.[41] Die Kommunikation stimmt anscheinend nicht mehr. Haben wir verlernt zu kommunizieren? Die Not der Einsamkeit scheint gerade in den Großstädten immer mehr zuzunehmen. In Hamburg erkannte dies der Drehbuchautor Christoph Busch. Er mietete einen Kiosk in der U-Bahn-Station Emilienstraße, um die Geschichten von Menschen aufzuschreiben. Überraschenderweise wurde dieses Angebot sehr dankbar aufgenommen und immer mehr Menschen besuchen mittlerweile seinen „Zuhör-Kiosk". Der Grund liegt auf der Hand: „Es hört einem ja sonst niemand mehr zu." Der Zuhör-Kiosk ist ein Erfolgsmodell. Man findet ihn inzwischen auch in Berlin und München.[42]

Wie kommt es dazu, dass sich gerade junge Menschen, die stark vernetzt sind, oft einsam fühlen? Die Kommunikation ist in Gesprächen selten authentisch und offen. Wir sind höflich zueinander, aber wir halten uns in der Regel bei Gesprächen an dem Bild fest, das wir vom Anderen haben und das wir einem anderen von uns geben wollen. Das führt zu starren Erwartungen. Kinder sollten z.B. ihren Eltern gehorchen. Das ist sicherlich ein brauchbares Konzept. Wenn Eltern ihren

40 docs.google.com/document/d/1rsSFzf8P8-T_carLwjxhR_PVp2-Jib4RRYcLdsM1x8c/edit

41 lustat.ch/monitoring/sozialindikatoren/lebensformen-soziale-netze/einsamkeit

42 xn--zuhr-kiosk-gcb.de/gesellige-baenke/

Kindern ihren Willen aufzwingen, fordern sie jedoch ihre Rebellion heraus. Andere Kinder unterdrücken ihr Bedürfnis und werden höflich, indem sie sich verstellen. Das schafft ihnen letztlich Not und sie verlieren ihren authentischen Selbstausdruck. Somit werden sie leicht manipulierbar. Bei Jugendlichen ist es kaum besser. Sie wollen in ihrer Gruppe dazugehören. Sie passen daher ihren Sprachstil der Gruppe an. Es ist uncool, sich verletzlich zu zeigen. Das Problem dabei ist, dass durch eine fehlende echte Kommunikation der Bereich in der Kommunikation unterkühlt bleibt, der sich nach Wärme und echter Nähe sehnt. Zudem können leicht Missverständnisse entstehen, wenn wir nicht das ausdrücken, was wir wirklich fühlen. Menschen können so in eine innere Stille fallen und sich gar nicht mehr mitteilen, wenn das, was sie wirklich bewegt, nicht nach außen dringt. Konflikte, innere und äußere, sind damit vorprogrammiert. Daraus ergeben sich verschiedene Fragen:

Was braucht es, um eine Beziehung authentisch, ehrlich und bereichernd zu erleben? Was braucht es, um Beziehungen bei einem Konflikt wiederherzustellen? Dazu müssen wir uns mit dem Thema Konfliktlösungsstrategien beschäftigen.

Kreativität als Konfliktlösungsweg

Kreativität als Konfliktlösungsweg ist die Antwort auf die Einsamkeit in unserer Zeit. Das betrifft auch die Schule, da die Schule ein Ort ist, wo die Probleme der Gesellschaft kulminieren. Es verlangt überall nach kreativen Lösungen. Die Schulen reagieren darauf mit Streitschlichtern unter Schülern, Coachs unter Lehrpersonen, die Einbeziehung von Sozialpädagogen, Heilpädagogen und gewaltfreier Kommunikation bei Konflikten. Konfliktfähig zu sein ist eine Kompetenz, die Schüler heutzutage immer mehr lernen müssen. Wir werden sehen, dass auch im sozialen Bereich Kreativität verlangt wird. Wie kann man kreativ kommunizieren?

Kommunikation öffnen

Beziehungen leben von gelungener Kommunikation und die beginnt immer mit einer Öffnung. Das wiederum erinnert durchaus an den Beginn eines kreativen Prozesses. Bei einem Konflikt gehen beide Konfliktparteien meist davon aus, im Recht zu sein. Die eigene Wahrnehmung steht verständlicherweise an erster Stelle. Doch dieses Sehen ist durch die eigene Perspektive geprägt und daher einseitig. Sehen ist meistens kein umfassendes Wahrnehmen, wie man an der bekannten indischen Legende „Die Blinden und der Elefant" erkennen kann[43]:

Es waren einmal fünf weise Gelehrte. Sie alle waren blind. Diese Gelehrten wurden von ihrem König auf eine Reise geschickt und sollten herausfinden, was ein Elefant ist. Und so machten sich die Blinden auf die Reise nach Indien. Dort wurden sie von Helfern zu einem Elefanten geführt. Die fünf Gelehrten standen nun um das Tier herum und versuchten, sich durch Ertasten ein Bild von dem Elefanten zu machen. Als sie zurück zu ihrem König kamen, sollten sie ihm nun über den Elefanten berichten. Der erste Weise hatte am Kopf des Tieres gestanden und den Rüssel des Elefanten betastet. Er sprach: „Ein Elefant ist wie ein langer Arm." Der zweite Gelehrte hatte das Ohr des Elefanten ertastet und sprach: „Nein, ein Elefant ist vielmehr wie ein großer Fächer." Der dritte Gelehrte sprach: „Aber nein, ein Elefant ist wie eine dicke Säule." Er hatte ein Bein des Elefanten berührt. Der vierte Weise sagte: „Also ich finde, ein Elefant ist wie eine kleine Strippe mit ein paar Haaren am Ende", denn er hatte nur den Schwanz des Elefanten ertastet. Und der fünfte Weise berichtete seinem König: „Also ich sage, ein Elefant ist wie eine riesige Masse mit Rundungen und ein paar Borsten darauf." Dieser Gelehrte hatte den Rumpf des Tieres berührt.

---

43 thur.de/philo/hegel/elefant.htm

Nach diesen widersprüchlichen Äußerungen fürchteten die Gelehrten den Zorn des Königs, konnten sie sich doch nicht darauf einigen, was ein Elefant wirklich ist. Doch der König lächelte weise: „Ich danke Euch, denn ich weiß nun, was ein Elefant ist: Ein Elefant ist ein Tier mit einem Rüssel, der wie ein langer Arm ist, mit Ohren, die wie Fächer sind, mit Beinen, die wie starke Säulen sind, mit einem Schwanz, der einer kleinen Strippe mit ein paar Haaren daran gleicht und mit einem Rumpf, der wie eine große Masse mit Rundungen und ein paar Borsten ist." Die Gelehrten senkten beschämt ihren Kopf, nachdem sie erkannten, dass jeder von ihnen nur einen Teil des Elefanten ertastet hatte und sie sich zu schnell damit zufriedengegeben hatten.

Wir sehen immer nur eine Seite der Wahrheit. Daher brauchen wir uns als Team und nicht als Gegner, um die Fragmente unserer persönlichen Wahrheiten zu einem Ganzen wieder zusammenfügen zu können. Dabei steht niemand höher als der Andere. Das sollten wir wissen, bevor wir uns zu schnell bei einem Streit auf eine Seite schlagen. Dann kann die Kommunikation geöffnet werden. Kommunikation zu öffnen bedeutet, eine Verbindung zu schaffen und Vertrauen aufzubauen. Eine offene Kommunikation erfordert, dass wir uns für die Perspektiven des anderen öffnen und bereit sind, unsere eigenen Überzeugungen und Annahmen zu hinterfragen. Das ist ein aktiver gestalterischer Prozess, der mit einem Verzicht beginnt, von vornherein Recht zu haben.

Ein zu frühes Urteilen und Schließen steht dem im Wege. Wie wir oben gesehen haben, gehört zu einer gelungenen Kommunikation immer das Wahrnehmen von berechtigten Bedürfnissen dazu. Weil er das erkannte, entwickelte Marshall Rosenberg die **gewaltfreie Kommunikation**. Er entdeckte in den Slums von Detroit, dass urteilende Aussagen über jemanden eine Form von Gewalt darstellen, da sie oft Gewalt nach sich ziehen. Rosenberg entwickelte GFK als einen Prozess, „... der intensivere zwischenmenschliche Kommunikation ermöglicht und gegenseitiges

Erkennen tieferer emotionaler Bedürfnisse kultiviert, was wiederum zu größerem Mitgefühl und friedlichen Lösungen zwischen Konfliktparteien führt[44]." Urteile verstecken sich schon in Deutungen, Zuschreibungen, Interpretationen und Bewertungen. Menschen, die so angesprochen werden, verschließen sich davor und reagieren feindlich, wenn über sie geurteilt wird. Rosenberg entwickelte daher ein System der Kommunikation, bei dem das Urteil durch **beschreibende Wahrnehmungen** ersetzt wird.

Wie kann man sich den GFK-Prozess vereinfacht vorstellen? Der Prozess durchläuft 4 Schritte:

1. Beschreibendes Wahrnehmen
2. Fühlen ohne Wertung
3. Erkennen von Bedürfnissen
4. Formulierung einer Bitte

Der gemeinsame Prozess könnte so ablaufen:

1. Distanz schaffen

GFK hilft mir, bei einem Konflikt das unangemessene Verhalten meines Gegenübers zu verstehen und mich von der Verwicklung in eine Eskalation fernzuhalten. Es verspricht dabei am meisten Erfolg, wenn man beginnt, den GFK-Prozess bei sich selbst zu beginnen und seine Wahrnehmungen *innerlich* neutral zu beschreiben. Wahrnehmen und Fühlen, ohne sich damit zu identifizieren, ist wichtig, um nicht gleich in die Bewertung gezogen zu werden. Dazu muss man innehalten können und darf nicht sofort emotional reagieren. Man muss eine leichte Distanz zu sich schaffen und nicht in seine Verletzung hineingehen.

---

44 gewaltfrei.at/marshall-b-rosenberg

Nebengedanke

Wir werden meist auf mehreren Ebenen in einem Konflikt angegriffen, *körperlich, emotional und gedanklich*. Wir können uns
am leichtesten körperlich distanzieren, indem wir weggehen.
Emotional ist es schon schwerer, sich zu distanzieren, aber
auch hier gibt es Techniken, um sich zu beruhigen. Oft ist es
so, dass es einen Kern gibt, der in berechtigter Weise auf etwas
hinweist, das ich korrigieren sollte. Leider wird dieser Kern
oft in emotional übergriffige Energien „eingekleidet", die mir
schaden können.

Ich fange an, mich zu schützen und zu verschließen. Der Kern
muss in gewisser Weise wieder „entkleidet" werden, damit ich
die berechtigte Botschaft heraushören und überhaupt annehmen kann. Am schwersten ist es, sich von gedanklichen Einstel-
lungen und Überzeugungen zu distanzieren, die verletzen und
unwahr sind. Sie wirken am intensivsten auf die anderen Ebenen. Hier sind wir am verletzlichsten, denn Abwertungen und
Beleidigungen greifen unseren Selbstwert an. Wenn wir keine
Distanz dazu schaffen, werden wir wütend oder aggressiv. Ich
mache es in diesem Fall so, dass ich Vorwürfe prüfe und innerlich die unwahren Gedanken durch wahre ersetze. Andererseits
muss ich mich auch von meinen gedanklichen Identifizierungen
lösen, um mich einer Wahrheit überhaupt nähern zu können.

So beschreibt es der Autor von „Der Vagusschlüssel zur
Traumaheilung", Gopal Norbert Klein[45]. Jede Identifizierung
ist ein Closer, um mich zu schützen. Das größte Hindernis ist
also im Konflikt unsere Gedankenebene. „Wir sind regelrecht
unsere Gedanken", beschreibt Klein. Mit ihnen sind die meisten Menschen am stärksten identifiziert. Man merkt es im
Alltag daran, dass viele Menschen bei einer Begegnung sofort
anfangen, von ihren Gedanken zu erzählen. Viele können gar
nicht mehr aufhören, wenn wir Zuhörbereitschaft zeigen. Es

---

45 Gopal Norbert Klein: Der Vagusschlüssel zur Traumaheilung, S. 106

ist daher offensichtlich am schwierigsten, einen Abstand zwischen sich und seinen Gedanken zu bringen.

2. Gespräche mit Regeln führen

Sobald zwei am Konflikt Beteiligte sich zu einem Gespräch zusammensetzen, muss man Regeln festsetzen, um den Prozess zu steuern. Sonst gerät er schnell aus dem Ruder.

Eine Möglichkeit wäre, die 4 Schritte von GFK im gemeinsamen Gespräch zusammen einzuüben. Wir entscheiden uns dabei gemeinsam, nur von uns selbst zu reden, wenn wir sprechen. Jeder bekommt gleich viel Redezeit. Durch die Wahrnehmung und Beschreibung von eigenen Bedürfnissen und wertfreien Gefühlen im Gespräch befinde ich mich in der „Ich-Position". Es findet keine Zuschreibung statt. Dadurch bleibt der andere frei von meinem Urteil. Er wird nicht abgewertet. Er kann dadurch leichter zu meiner Perspektive wechseln und Empathie üben, weil er offen bleibt. Durch die Wahrnehmung von den Bedürfnissen und Gefühlen des anderen komme ich zu einem Perspektivwechsel. Der andere fühlt sich gesehen und wertgeschätzt. Dadurch geht die Kommunikation in einen kreativen Austausch. Man verhindert jedes Recht-haben-wollen und jede zermürbende Diskussion. So entsteht ein Raum für gegenseitige Wertschätzung und ein Weg zu einer gemeinsamen Lösung.

3. Abmachungen treffen

Nach Abschluss eines zufriedenstellenden Konfliktgesprächs braucht es Abmachungen, die jeder verspricht einzuhalten. Der Prozess schließt sich. So bekommen alle Vereinbarungen die nötige Verbindlichkeit.

Die gewaltfreie Kommunikation ist ein Schulungsweg. Sie ist mittlerweile weltweit eine anerkannte Größe in der Friedensforschung, bei kriegerischen Konflikten und in der Konfliktlösung an Schulen. GFK wird auch in Krisengebieten wie dem Nahen Osten eingesetzt, um verhärtete Verhältnisse zwischen Palästinensern und Israelis aufzubrechen und Raum zu geben für heilsame Begegnungen der Versöhnung. Ein besonderer Ort hierfür ist das Zentrum ECoME im Westjordanland. Es wird von Palästinensern und Israelis gemeinsam betrieben und bietet Workshops zur Friedenserziehung mit Hilfe von GFK an.[46]

Rosenberg besuchte beide Gebiete, Palästina und Israel, um den verfeindeten Menschen GfK nahezubringen. Dann wählte er Teams aus beiden Lagern aus, die er in Workshops zu GfK-Trainern ausbildete. Der Erfolg war so groß, dass sowohl Israelis als auch Palästinenser diese Methode an die Schulen brachten.

Inzwischen arbeiten GfK-Trainer mit Ärzten, der Polizei und Mitgliedern der israelischen Armee zusammen in palästinensischen Flüchtlingslagern. Rosenberg dazu: „Den Krieg haben wir nicht gestoppt – aber wir nähern uns immer mehr dem Ziel, unsere Trainings auf höchster Ebene bekannt zu machen und mächtige Fürsprecher zu haben, so dass diese die Art von Mediation nutzen, die wir vorschlagen, statt der üblichen Art von Friedensgesprächen[47].“ Ein Beispiel aus einem GfK-Training mag die Wirkung dieses Prozesses verdeutlichen:

„Mahmoud aus der Westbank kommt zum ersten Mal zu unseren Trainings, er ist voller Wut, Frust und auch Skepsis, was die Gewaltfreie Kommunikation angeht. Was das denn alles solle, sagt er – man müsse sich doch verteidigen können ... In der ersten Workshop-Session zum Thema Empathie ist er der Erste, der Einfühlung bekommt. Trainer und Gruppe hören ihm vorbehaltlos zu, und er beginnt seinen ganzen Schmerz zu teilen, seine Ängste, seine Hoffnungen und Träume ... Nach diesen 45 Minuten ist er komplett verändert. Es ist neu für ihn,

46 betterplace.org/de/projects/36455-palaestinenser-israelis-und-internationale-fuer-gesellschaftlichen-wandel

47 dm.werteprojekte.de/interview-mit-dr-marshall-rosenberg/

dass man einander zuhört, ohne gleich die eigene Geschichte hineinzumischen und die Schuldfrage zu wälzen. Heilsam, einfach nur gehört und gesehen zu werden – als Mensch! Am Ende des Trainings sagt Mahmoud: „Dies waren die schönsten neun Tage meines Lebens!"[48]

TIPPs

- Halte den **Fokus** bei einem Streit mehr beim anderen und vermeide es, dich von den Zuschreibungen und Urteilen beeindrucken zu lassen. Du kannst es nicht vermeiden, verletzt zu werden, aber du kannst dich von deinen eigenen Verletzungen distanzieren. Dann gelingt es besser, sich auf die unerfüllten Bedürfnisse des anderen zu konzentrieren.
- Übt die **gewaltfreie Kommunikation** in der Gruppe zu Zeiten, wo noch keine Konflikte gelöst werden müssen. So erwerbt ihr eine Kompetenz, die euch hilft, wenn akut gehandelt werden muss.
- Suche zuerst den **Öffner zum anderen**, bevor du weiter in die Kommunikation einsteigst. Lass einen Moment deine Meinung los und verweile beim anderen. Ein Öffner könnte auch der Wechsel der örtlichen Situation sein. Spielt etwas zusammen, geht spazieren.

Medien und Meinungen

Die Medien haben einen großen Einfluss auf unsere Weltsicht und spielen somit auch eine wichtige Rolle in der Kommunikation. Durch die selektive Darstellung von Ereignissen und die Verbreitung von Informationen beeinflussen sie unsere Meinungen und Überzeugungen. Das ist in gewisser Weise gar

---

48 sein.de/gewaltfreie-kommunikation-gfk-in-palaestina-israel/

nicht anders möglich, da das Filmen von Ereignissen immer eine Auswahl der Perspektive bedeutet. Hier liegt eine große Verantwortung bei den Medien und bei den Konsumenten. Die Verantwortung der Medien liegt besonders in der Interpretation der Filmausschnitte. Wir sehen Bilder, die uns berühren. Dafür ist der Film da. Es ist die Story, die den Film begleitet, die uns manipulieren kann, sowie eine unreflektierte Konsumhaltung, die jede Aussage als blanke Wahrheit übernimmt. Eine kritische Betrachtung der Medien und eine Offenheit für unterschiedliche Perspektiven könnten dazu beitragen, dass wir unsere eigene Weltsicht erweitern und eine offene Kommunikation fördern.

Es ist darüber hinaus bekannt, dass das Internet unsere Vorlieben speichert und durch Algorithmen uns die Informationen zuspielt, die unserer Meinung entsprechen. Dadurch geraten wir immer mehr in sogenannte **Echokammern**.[49] Je mehr wir uns dort aufhalten, desto weniger verstehen wir andersdenkende Menschen, die sich in einer anderen Echokammer aufhalten. Aus diesem Grund ist es für die gesellschaftliche Kommunikation von Vorteil, von Zeit zu Zeit die eigene Echokammer zu verlassen und sich auf die „Reise" zu begeben, andersartige Informationen aufzunehmen und zu prüfen.

TIPPs

- Im Streit ist es immer besser, sich „analog" zu treffen, da wir immer auf verschiedenen Ebenen miteinander kommunizieren und uns so besser verstehen können. Wenn wir den anderen im Gespräch nicht sehen, entstehen leicht Fehldeutungen und Missverständnisse.
- Überprüfe, wo deine Meinung von einer einseitigen Perspektive durch Medien oder Geschichten anderer geprägt

---

49 journalistikon.de/echokammer/

ist. Schaffe **Distanz zu deiner Meinung**. Verlasse im Gespräch alle Echokammern, die dich geprägt haben. Überprüfe von Zeit zu Zeit immer wieder deine tieferen Glaubenssätze.

Zeit und Raum geben

Wie oft stehen wir unter Zeitdruck und wollen einen Konflikt schnell weghaben? Dabei ist es eine große Chance, Konflikte in Ruhe zu lösen. Wir gehen immer einen inneren Schulungsweg, wenn wir ergebnisoffen kommunizieren. Dabei ist es die größte Herausforderung, sich und seinen Standpunkt zurückzuhalten und dem Gegenüber Zeit und Raum zu geben, sich auszudrücken. Schnelligkeit im Gespräch wird schnell zu einem „Closer", wenn man hitzig diskutiert. Es deeskaliert schon das Gespräch, wenn das *Tempo verlangsamt* wird. Für viele Menschen ist es eine Anstrengung, nicht reden zu dürfen und warten zu müssen, bis man an der Reihe ist, gerade wenn man angegriffen wurde. Auch in konfliktfreien Gesprächen fällt es vielen Menschen schwer, zu warten. Das liegt sicherlich an der Identifizierung mit den eigenen Gedanken. Ich muss meine eigenen **Gedanken zum Schweigen bringen**, damit Raum entsteht für die Gedanken des anderen (s. o.). Ich muss so aufmerksam zuhören, dass ich die Gegenmeinung wiederholen könnte, ohne meine eigene Meinung aufzugeben.

Nur so schenke ich Zeit und Raum. Eine Herausforderung! Dann erst jedoch fühlt sich der andere wirklich verstanden. So entsteht Empathie und ein echter Austausch.

„In Demut achte einer den anderen höher als sich selbst" (Phil. 2,3) ist eine tiefe biblische Weisheit, denn wer gut zuhören und sich zurücknehmen kann, findet leichter Freunde und hat bessere Chancen, dass man bei einem Konflikt auch ihm zuhören möchte. Es ist ein Stück selbstlose Liebe, wenn ich jemandem Raum geben kann, denn es weckt Vertrauen und bewirkt Wärme im Kontakt, die anziehend ist. So lassen sich

Konflikte leichter lösen und Beziehungen ohne Gesichtsverlust heilen.

Bezogen auf den kreativen Prozess bedeutet es, dass meine Vorstellungen und die gegnerischen Ansichten zusammen in eine Art Vorbereitungsphase gehören, wo sie gleichwertig sind. Diese wurde bereits beim kreativen Prozess näher beschrieben. Es geht nie allein um meine eigenen Vorstellungen. Das Ziel ist, im ergebnisoffenen Kommunizieren ein Drittes zu finden, von dem noch niemand weiß, wie es aussieht, eine Art Neuschöpfung, ein Kompromiss, bei dem beide Seiten sich ein Stück wiederfinden können. So könnte es Schiller gesehen haben in seinen ästhetischen Briefen (s. o.). Thomas Gordon spricht hier von der „Niederlage-losen" Kommunikation in seinem Erziehungsklassiker *Familienkonferenz*.[50] Dafür braucht es eine Haltung, bei der wir loslassen und warten können, bis sich ein dritter Weg aufzeigt. Ein Stück Demut und Loslassen sind dazu immer nötig. Damit wird Platz frei für eine liebevolle Zuwendung. Vereinfacht gesagt: Wärme, Liebe, Zeit und Aufmerksamkeit sind die stärksten Öffner in der Kommunikation.

Es gibt eine schöne Geschichte von Johann Gottfried Herder, die das verdeutlicht:

Einst stritten sich die Sonne und der Wind, wer von ihnen beiden der Stärkere sei und man wurde sich einig, derjenige sollte dafür gelten, der einen Wanderer, den sie eben vor sich sahen, am ersten nötigen würde, seinen Mantel abzulegen. Sogleich begann der Wind zu stürmen; Regen und Hagelschauer unterstützten ihn. Der arme Wanderer jammerte und zagte; aber immer fester wickelte er sich in seinen Mantel ein und setzte seinen Weg fort, so gut er konnte. Jetzt kam die Reihe an die Sonne. Mit milder und sanfter Glut ließ sie ihre Strahlen herabfallen. Himmel und Erde wurden heiter; die Lüfte erwärmten sich. Der Wanderer vermochte den Mantel nicht länger auf seinen Schultern zu erdulden. Er warf ihn ab und

50 Th. Gordon: Familienkonferenz 1972, S.187

erquickte sich im Schatten eines Baumes, während die Sonne sich ihres Sieges erfreute.[51]

Ein Urteil über mich, ein Bedrängen, Fordern und unter Druck setzen wird immer darauf hinauslaufen, dass ich mich verschließe. Das hat sicherlich damit zu tun, dass hinter dem Urteil eine drohende Ablehnung steht. Kinder vermuten das sofort. Sie sind aber besonders stark auf gute Beziehungen angewiesen. Ein Urteil über mich führt tatsächlich leicht zu Trennungen. Noch dramatischer wird es, wenn das Urteil mit Schuld verbunden wird, denn Schuld zieht oft Scham nach sich. Dann entsteht eine blockierende Positionsveränderung. Es gibt ein Oben, wo der andere sich hineinstellt, und ein Unten, wo er mich hinein befördert. Dadurch entstehen Macht und Ohnmacht zwischen Erzieher und Kind, die wir vermeiden sollten, meint Gordon. (s. o.) Wir können so natürlich nicht mehr auf Augenhöhe miteinander kommunizieren. Das trennt.

TIPPs

- Gib deinem Gegenüber **Zeit und Raum**, sich auszudrücken. Schau nicht auf die Uhr und halte deine eigenen Gedanken zurück. Selbst wenn nur 5 Minuten zur Verfügung stehen, kannst du diese Zeit dehnen und dem anderen ein Gefühl von Zeitlosigkeit vermitteln, indem du das Tempo herausnimmst.
- Vermeide jede Form von Verallgemeinerung, Zuschreibung, Beschämung, Etikettierung und Abwertung (siehe gewaltfreie Kommunikation). Achte auf eine **wertschätzende Beschreibung**. Trenne Wahrnehmungen von Urteilen. Bedenke, dass die Wahrheit durch Wahrnehmen zustande kommt

---

51 hekaya.de/fabeln/die-sonne-und-der-wind--herder_1.html

und jeder sie von einer anderen Perspektive aus betrachtet. Was hast du, was habe ich wirklich wahrgenommen?

- **Sucht Übereinstimmungen** und feiert sie.
- **Trefft Vereinbarungen**, sobald ihr etwas Verbindendes gefunden habt. Achtet über die Zeit darauf, ob die Vereinbarungen auch eingehalten werden. Schafft Gewohnheiten durch die Zelebrierung von gemeinsamen, verbindenden Aktionen.

Polarisierung verschließt

Wie kommt jemand überhaupt dazu, eine andere Person zu verurteilen?

Es geht meiner Meinung nach in Krisen und Konflikten, die sich nicht lösen, immer um den **Wahrheitsanspruch** und die **Macht**. Das war in der Coronakrise sehr deutlich zu erleben. Geschürt durch Angst und aus dem Bedürfnis nach Sicherheit entstehen feste Meinungen, die uns in bestimmte Echokammern manövrieren (s. o.). Eine Meinung ist eine Behauptung, die Schutz und Orientierung verspricht. Es ist eine Lösung, die kurzfristig Kohärenz bringt.

Auf Kohärenz sind alle Menschen angewiesen, um sich in Krisenzeiten, in denen Angst herrscht und in den Köpfen alles durcheinander geht, nicht zu verlieren. Kohärenz bringt aber nur dann ein Glücksgefühl, wenn es durch eigene Anstrengung erworben und nicht manipuliert wurde. „Langfristig glücklich wird man erst, wenn man in seinem Leben viele unterschiedliche Erfahrungen macht, wie sich inkohärente Zustände wieder kohärenter machen lassen", meint der Neurobiologe Gerald Hüther.[52] Eine feste Meinung tut vielen Menschen in der Krise

---

52 zukunftsinstitut.de/artikel/gerald-huether-wer-ein-bewusstsein-seiner-eigenen-wuerde-entwickelt-hat-ist-nicht-mehr-verfuehrbar

zwar gut, aber sie ist ein Closer, ein Türschließer, der abschließt und verhindert, dass kreative Lösungen gesucht werden.

Ich kann mich nicht erinnern, dass in der Coronakrise jemand im Streitgespräch einmal sagte: „Angenommen, du hast recht ...“

Ich habe auch kaum erlebt, dass wissenschaftliche Erkenntnisse in kreativer Weise eingesetzt wurden. Sie dienten oft als absoluter Wahrheitsanspruch, der die eigene Meinung untermauern und gegnerische Ansichten abwerten sollte. Durch die Vermeidung von kreativen Gesprächen entstand eine Polarisierung, wie ich sie schon in früheren Zeiten viel in Deutschland erlebt habe. Im Berlin der 80er-Jahre vor dem Mauerfall bekam man oft zu hören, wenn man eine abweichende Meinung vertrat: „Geh doch in den Osten.“ Damit war jedes Gespräch abgeschlossen. Es blieb für die junge Generation der Rückzug in Nischenräume oder die offene Rebellion. Es entstand eine schmerzliche Trennung zwischen der Kriegs- und der Nachkriegsgeneration, die oft nicht mehr heilte. Sollten alle schmerzhaften Aspekte von Corona nicht mehr aufgearbeitet werden, würde auch dadurch eine Trennung zwischen den Lagern festzementiert, die eine kreative Entwicklung im Sozialen weit in die Zukunft verhindert.

Wechsel der Perspektiven

Jede gute Beziehung lebt vom Wechsel der Perspektiven. Nur dadurch kann gegenseitige Empathie entstehen. Wenn sich Menschen begegnen, die völlig mit ihren eigenen Zielen identifiziert sind, werden Gespräche jedoch schwierig. Es braucht Öffner. Dies sind offene Fragen, Interesse und Aufmerksamkeit sowie Raum für die andere Perspektive. Ich muss geübt sein im Loslassen meiner eigenen Geschäftigkeit, um zuhören zu können. Dabei hilft der oben beschriebene Prozess, bei dem jeder eine bemessene Zeit lang erzählen darf, was er erlebt hat, ohne von den anderen Zuhörern unterbrochen und kommentiert zu werden. Bei näherem Hinsehen kann man diesen Prozess mit dem kreativen Prozess vergleichen. Zu Beginn haben alle Perspektiven die gleiche Berechtigung, da zu sein. Sie spielen miteinander wie in der Preparation beschrieben. Zwischendurch sollte es Momente des Loslassens geben. Hier ist der Raum, damit Imagination und Illumination sich entfalten können. Am Ende gibt es eine Lösung, die einen Kompromiss, eine Übereinkunft darstellen kann.

Wenn man nicht in den Dialog mit gegensätzlichen Meinungen geht, besteht immer die Gefahr, wichtige Perspektiven eines Problems zu übersehen. Viele Menschen wollen gar nicht andere Menschen abwerten. Sie wollen gut sein und vermeiden das Gespräch, statt einen Austausch zu wagen. Ich möchte behaupten, wir leben in einer Zeit, in der man lieber Konflikten aus dem Weg geht, statt sie zu lösen. „Das Thema Corona klammern wir in unserer WG lieber aus. Dadurch kommen wir super an den Konflikten vorbei", hörte ich von einer Kollegin. Man kann aber nicht Nicht-Kommunizieren, betonte der bekannte Kommunikationswissenschaftler Paul Watzlawick. Schweigen ist kein wirklicher Frieden, da es unbefriedigend ist, Themen auszuklammern. Es brodelt unter der Oberfläche in Wirklichkeit immer weiter. Misstrauen und Verschlossenheit werden so genährt und warten nur darauf, einen neuen Konflikt zu entfachen. Warum ist das so?

Jeder vollzogene Dialog erzeugt Wachstum, aus dem etwas Neues entstehen kann. Dabei begegnen sich beide Beteiligten im tiefsten gegenseitigen Erkennen, indem sie sich wirklich austauschen. Dies ist die Voraussetzung für authentische Beziehungen. Jede nicht gelebte verpasste Kommunikation bewirkt ein Vakuum, aus dem Unverständnis, Vorurteil und Stagnation entstehen können. Neue Konflikte sind vorprogrammiert.

Kommunikation mit dem ganzen Menschen

Wie können wir mit Kindern kreativ kommunizieren? Viele gut gemeinte Erklärungen und Hinweise entspringen unserem intellektuellen Denken. Aber Kinder sprechen nur wenig auf intellektuelle Erklärungsversuche an. Sie reagieren besonders auf Bilder und auf den ganzen Menschen. Sie leben in mehreren Dimensionen, könnte man meinen. Sie merken auch ganz schnell, ob unsere Worte mit unserer Körpersprache übereinstimmen, ob sie echt sind. Erwachsene dagegen unterhalten sich oft rein informativ über ein Thema. Dabei wirkt immer viel mehr im Gespräch mit, als uns bewusst ist. Man hat festgestellt, dass wir nur zu einem sehr geringen Teil mit der inhaltlichen Ebene kommunizieren. Jede Kommunikation hat einen Inhalts- und einen Beziehungsaspekt. Der bedeutend größere Anteil dabei wird nonverbal, also nur über Gestik und Mimik, aufgenommen. Gibt es nun einen Widerspruch zwischen dem, was wir sagen, und dem, was wir mit dem ganzen Menschen ausdrücken, bereitet das Kindern große Probleme, unsere Botschaft zu verstehen und anzunehmen. Es ist, als würden wir sagen: „Komm her, die Tür ist offen," und gleichzeitig mit unseren Gesten ausdrücken, dass wir verschlossen sind. So entstehen *Doppelbotschaften*. Sie sind besonders für Kinder verwirrend, für Erwachsene auch. Kinder verstehen es eher, wenn ein Mensch authentisch „Ja" oder „Nein" sagt mit seinem ganzen Ausdruck. Kinder fühlen die Zwiespältigkeit des Erwachsenen mehr, als dass sie sie verstehen. Sie reagieren mit Ungehorsam, Unverständnis oder Nervosität. Gefühle spielen im ganzheitlichen Kommunizieren aber eine große Rolle. Sie verraten über einen Menschen viel schneller und effektiver, ob ich diesem Menschen und dieser Situation trauen kann oder nicht. Gefühle sind daher effektive Richtungsgeber, die dem Denken weit voraus sind, wenn wir es gewohnt sind, ihnen zu vertrauen. Wenn wir kommunizieren und auf unsere Gefühle achten, nehmen wir ganzheitlich wahr. Dieses ganzheitliche Wahrnehmen geschieht über die *Spiegelneuronen* und die Aktivität der rechten Gehirnhälfte. Wir können Kindern nichts vormachen und sollten es auch nicht tun. Wenn es mir nicht gut geht, sollen die Kinder es auch erfahren. Sie sollen meine wahren Ziele erfahren, die ich mit ihnen vorhabe. Sie sollen wissen, was ich wirklich an ihnen wahrnehme. So lernen sie, selbst authentische Menschen zu werden. Ehrliche Offenheit, Einfühlungsvermögen und Interesse der Lehrperson und des Erziehers sind der Schlüssel für eine gute Beziehung und damit Grundlage zum Lernen. Das betrifft Kinder gleichermaßen wie Erwachsene.

Wissensecke Spiegelneuronen

In den 1990er Jahren entdeckten italienische Forscher die Spiegelneuronen. Fazit: Wir reagieren auf die Handlungen unseres Gegenübers, indem wir sie innerlich nachvollziehen und eine Vorstellung bekommen, wohin die Handlung führt. Forscher haben bei Affen beobachtet, dass ihre Nervenzellen, die für Handlungen zuständig sind, nicht nur aktiv werden, wenn sie nach einer Banane greifen, sondern auch, wenn ein anderer Affe danach greift. Beim Zuschauen von Handlungen werden im Gehirn die gleichen Areale aktiviert, die für diese Handlung zuständig sind.[53] Das gilt auch beim Menschen. Das Beobachten von Handlungen setzt auch bei uns Handlungsbereitschaften frei in der gleichen Weise, wie wenn wir selbst handeln. Selbst so komplexe Bewegungen wie das Tanzen lösen beim Zuschauer ähnliche Aktivitätsmuster im Gehirn aus wie bei den ausführenden Sportlern. „Nach Angaben der Forscher zeigen ihre Ergebnisse, dass selbst die reine Beobachtung des Tanzens das Spiegelsystem aktiviert und eine Art Trainingseffekt im Gehirn bewirkt[54]." Wie ist das möglich? In seinem Buch

---

53 scinexx.de/dossierartikel/gespiegelte-gefuehlsregungen/
54 fr.de/wissen/tanzen-trainiert-muskeln-gehirn-
   zuschauer-11381125.html

„Warum ich fühle, was du fühlst" beschreibt der Neurobiologe Joachim Bauer, dass Spiegelneuronen uns von klein auf ins Leben begleiten. Dazu braucht es aktive Bezugspersonen. „Das Kleinkind kann sich die Welt des Spiels nicht selbst erschließen. Es muss zunächst eine gewisse Zeit lang von Bezugspersonen in sie eingeführt werden. Bezugspersonen, die das Kind zum Spielen anleiten, sind aus neurobiologischer Sicht durch nichts zu ersetzen, weil die Spiegelsysteme Handlungssequenzen nur dann einspielen, wenn sie von lebenden Vorbildern kommen[55]." Ich gehe also in Resonanz mit dem, was ich sehe. Ich gehe aber auch in Resonanz mit den Gefühlen eines anderen Menschen, wenn ich empathisch offen bin. Mir geht es so: Wenn ich beobachte, dass ein anderer Mensch Schmerz empfindet, werden auch meine eigenen Schmerzareale im Gehirn aktiviert.

Selbstversuch: Man beobachte einmal bei einem persönlichen Gespräch, wie mein Gegenüber darauf reagiert, wenn ich meine Beine übereinanderschlage. Gerade wenn man sich gut zuhört und sich gut versteht, nimmt man leicht die Haltung des anderen ein. Wenn ich morgens aus dem Haus gehe und noch verschlafen und verschlossen über die Straße gehe, spiegelt mir das jeder, der mir entgegenkommt. Wenn ich nicht aufpasse, könnte ich denken: „Sind die Menschen heute aber alle unfreundlich." Bis ich selbst in den Spiegel schaue. Ich brauche nur in die Gesichter der entgegenkommenden Menschen zu schauen, um zu wissen, wie ich wirke. Sie spiegeln mich durch die Spiegelneuronen. Beschäftige ich mich mit dem Ärger über unsere Welt, werden mir dies die Menschen auf der Straße genauso spiegeln wie die Einstellung: Was für ein schöner Tag heute! So kann ich meine Begegnungen im Alltag bewusst steuern.

Eine Lehrperson, die selbst von etwas begeistert ist und dies vor den Schülern praktiziert, wirkt daher unmittelbar positiv auf den Lernprozess. Die Schüler können sich gut in ihr

---

55 J. Bauer: Warum ich fühle, was du fühlst – S.66

spiegeln. Eltern, die auf ihre Grundeinstellung zum Leben achten, erleben, wie sie durch die Spiegelneuronen auf die eine oder andere Weise ihre Kinder beeinflussen. Je kleiner die Kinder sind, desto unmittelbarer wirkt sich dieser Prozess aus. Dann sind die Kinder noch am meisten in einem Zustand von unbewusster Nachahmung. Das kann man gut beobachten, wenn sich ein Kind verletzt: Das Weinen wird stärker, wenn der Erwachsene entsetzt auf die Wunde schaut und selbst Angst bekommt. Die Kinder schauen oft in das Gesicht des Erwachsenen, um zu prüfen, ob es schlimm ist oder nicht. Sie hören sehr schnell wieder auf zu weinen, wenn der Erwachsene gelassen bleibt und jede Dramatisierung vermeidet.

Wir stellen fest: Unser Denken und unsere ganze Ausstrahlung wirken ganzheitlich auf unser Gegenüber und beeinflussen die Kinder in ihrem Lernprozess.

Das kann in einer guten Beziehung noch tiefer gehen. Ich meine das Phänomen der **Synchronizität**. Wer hat das auch schon mal erlebt: Ich habe einen Satz auf den Lippen und kurz bevor ich ihn ausspreche, spricht ihn meine Frau aus? Das geht bei uns etliche Male so, wenn wir viel Zeit miteinander verbringen. Auch umgekehrt. Das gibt stets Anlass für ein herzliches Lachen. Als ich den Schulkindern einmal von diesem Phänomen erzählte im Rahmen des Deutsch-Themas Kommunikation, war ich überrascht, dass fast die ganze Klasse dieses Phänomen schon selbst erlebt hatte. Können wir also nach diesen Ausführungen sicher sein, dass die Schulkinder nur unsere ausgesprochenen Gedanken wahrnehmen? Über die Spiegelneuronen wird deutlich, dass Menschen auf viel mehr reagieren als auf die Inhalte unserer Rede. Daher haben unsere tieferen Überzeugungen, unsere inneren Glaubenssätze eine Wirkung, die wir mit einbeziehen sollten. Am meisten wurde dies wissenschaftlich erforscht auf dem Gebiet der „self fulfilling prophecy", der selbsterfüllenden Prophezeiung. In Versuchen wurde festgestellt, dass Menschen ihre gesundheitliche Zukunft stark beeinflussen können mit ihren Glaubenssätzen.

Marcus Aurelius prägte schon den bedeutenden Satz: „Das Leben eines Menschen ist das, was seine Gedanken daraus machen.[56]" Wir sollten daher Schüler stets ermutigen und jede Abwertung vermeiden. Aber es sind nicht nur Worte, über die wir mit Kindern kommunizieren sollten. Kinder sind sehr sinnlich, d.h. sehr offen. Sie nehmen neben den Worten des Lehrers auch die Gerüche in der Klasse, die Geräusche, die Klangfarbe der Lehrerstimme und vor allem die Echtheit seiner Intentionen wahr. Und noch vieles mehr. Sie leben geradezu in ihren Sinnen. Sie brauchen es, dass wir mit allen Sinnen und als ganzer Mensch unterrichten und erziehen.

Neben dem eher unbewussten Prozess durch die Spiegelneuronen gibt es die bewusste Spiegelung, um Nähe, Verständnis und Verbundenheit herzustellen. Das ist mindestens genauso wichtig wie die unbewusste Wirkung durch die Spiegelneuronen und entspricht dem **aktiven Zuhören**. Kinder erleben sich selbst durch die bewusste Spiegelung, wenn sie wahrgenommen und bestätigt werden. Sie fühlen sich nicht nur verstanden, wenn man ihnen ihr Verhalten wohlwollend spiegelt. Sie entwickeln daraus ein erstes **Selbstbild** von sich, denn „Wir sehen uns mit den Augen der anderen[57]." Mehr noch: „Wir entwickeln durch die Urteile der anderen unser Selbstkonzept." (ebd.) „Das Individuum sieht sich selbst durch die Reaktionen anderer Personen auf die eigene Person mehr und mehr so, wie es vermutet, dass die anderen Personen es sehen." (ebd.)

Es hat also Auswirkungen auf die ganze Entwicklung unserer Kinder, wenn wir sie spiegeln. Kinder, die nicht von ihren Eltern gespiegelt werden, haben es daher schwerer, Verbundenheit zu erleben und die Wahrnehmung eines Selbst zu entwickeln.

---

56 gutezitate.com/zitat/141089
57 institut-ipk.at/wp-content/uploads/2020/11/Plank-Monika_Selbstwert-und-Selbstdarstellung.pdf

Zusammenfassung Lernbeziehungen öffnen

- Verhakte Kommunikation: Suche zuerst den **Öffner zum anderen**, bevor du weiter in die Kommunikation einsteigst. Lass einen Moment deine Meinung los und verweile beim anderen. Ein Öffner könnte auch der Wechsel der örtlichen Situation sein. Spielt etwas zusammen, geht spazieren.
- Versuche, täglich dein Kind zu **spiegeln**. Gib ihm häufig Rückmeldungen, indem du beschreibst, wie du es erlebst.
- Scheue dich nicht, dein Kind aktiv zum **Spielen anzuleiten**, indem du eine Zeitlang mit ihm spielst und ihm das Leben zeigst, wie es funktioniert.
- Überprüfe, wo deine Meinung von einer einseitigen Perspektive durch Medien oder Geschichten anderer geprägt ist. Schaffe **Distanz zu deiner Meinung**. Verlasse im Gespräch alle Echokammern, die dich geprägt haben. Überprüfe von Zeit zu Zeit immer wieder deine tieferen Glaubenssätze.
- Gib deinem Gegenüber **Zeit und Raum**, sich auszudrücken. Schau nicht auf die Uhr und halte deine eigenen Gedanken zurück. Selbst wenn nur 5 Minuten zur Verfügung stehen, kannst du diese Zeit dehnen und dem anderen ein Gefühl von Zeitlosigkeit vermitteln, indem du das Tempo herausnimmst.
- Vermeide jede Form von Verallgemeinerung, Zuschreibung, Etikettierung und Abwertung (siehe gewaltfreie Kommunikation). Trenne Wahrnehmungen von Urteilen. Bedenke, dass die **Wahrheit durch Wahrnehmen** zustande kommt und jeder sie von einer anderen Perspektive aus betrachtet. Was hast du, was habe ich wirklich wahrgenommen?
- **Sucht Übereinstimmungen** und feiert sie.
- **Trefft Vereinbarungen**, sobald ihr etwas Verbindendes gefunden habt. Achtet über die Zeit darauf, ob die Vereinbarungen auch eingehalten werden. Schafft Gewohnheiten durch die Zelebrierung von gemeinsamen, verbindenden Aktionen.

- Bedenke immer, dass du mit dem ganzen Menschen kommunizierst. Achte daher auf deinen **authentischen Ausdruck**. Dieser ist eng mit deinen inneren Glaubensmustern verbunden. Es ist daher hilfreich, stets ehrlich und offen deine Gefühle und Wahrnehmungen auszudrücken.
- **Kommuniziere auf Augenhöhe.** Angst und Scham haben in der Kommunikation keinen Platz, da sie oft als Mittel eingesetzt werden, um den anderen zu erniedrigen. Das blockiert dessen Entwicklung.
- Gib dem anderen viel **wertschätzende Rückmeldung**. Menschen leben von guten Beziehungen. Diese werden von wertschätzendem Spiegeln genährt. Zeige, dass du dein Gegenüber immer als ganzen Menschen wahrnimmst.

Kapitel 2.7
Lernprozesse gut schließen

Jeder kreative Prozess mündet in einem Schließen, das zu einem Ergebnis, einer Lösung oder einem Produkt führt. Auch ein kreativer Prozess im Konflikt führt schließlich zu einer Lösung, die dann verbindlich umgesetzt werden muss. An diesem Punkt darf es keine Abweichung oder Beliebigkeit geben. Streitende finden am Ende ihres Streits zu klaren Regeln, die beide beachten müssen. Auch Redewendungen zeigen den Zusammenhang zwischen Öffnen und Schließen. Warum wird nach einem längeren Prozess des Verhandelns ein *Frieden geschlossen* und nicht eröffnet? Sobald ein Konflikt seinem Ende zugeht, braucht es Verlässlichkeiten, an denen nicht mehr gerüttelt wird. Vereinbarungen, Regeln, Gesetze sind die Grundlage für Vertrauen und Geborgenheit im Zusammenleben. In der Kommunikation ist es wichtig, immer wieder Momente der Übereinkunft auszusprechen und festzuhalten. Es ist wie beim Bau einer stützenden Mauer: Die grundlegenden Steine dürfen nicht mehr verschoben oder neu platziert werden. Sie müssen fest sitzen, damit der weitere Aufbau einen sicheren Halt bekommt. In der Friedenspädagogik an der Schule gibt es Methoden, die dies verdeutlichen: Es wird z.B. gemeinsam an einer Friedensbrücke gebaut. Dabei gehen die Schülerinnen und Schüler von beiden Seiten aufeinander zu, indem sie bestimmte Aufgaben erledigen, die den Friedensprozess festigen. Am Ende kommt der „Schlussstein", der beide Seiten verbindet. Hier werden Abmachungen getroffen, die mit Handschlag besiegelt werden. Ein gutes Schließen bedeutet auch, dass man auf Dinge zurückkommt, die einmal besprochen oder erzählt wurden. Das, was ich jemandem im Vertrauen gesagt habe, soll nicht in die Beliebigkeit abrutschen. Es soll Festigkeit bekommen. Das stärkt die Beziehung, und darauf kann man bauen.

Schließen gibt Halt und Festigkeit, wenn man sich einmal dazu entschieden hat. Eine Grundschulklasse, die ich einmal vertreten habe, empfing mich gleich in der ersten Stunde mit der Bitte, einen ganz bestimmten Sanktionskatalog anzuwenden. Für jedes „Vergehen" hatten sie sich Strafen ausgedacht und wollten, dass ich sie unbedingt anwende. Ich fragte mich in dem Moment, ob es hier zwischen Klasse und Lehrperson überhaupt eine Beziehung gegeben hat. Schon bald erkannte ich: Die Klasse will nicht bestraft werden. Sie sucht Halt und Geborgenheit und weiß nicht, wie sie diese anders finden soll.

Festigkeit durch Üben

Ich unterrichte unter anderem Mathematik. Hier braucht es viel Übung in Verbindung mit klarem Verstehen. Egal in welcher Rechenart wir operieren, wir gehen immer nach einer Einführung in einen „Trainingsraum", bei dem der Weg und das Ziel klar vorgegeben sind. Wenn wir im Übe-Prozess sind, wollen Kinder keine kreativen Übungen, die Spielräume haben. Konvergenz bei Aufgaben gibt Halt und Sicherheit. Das gilt ganz besonders bei Kindern, die verunsichert sind. Verunsicherung schafft Desorientierung. Desorientierung, zusammen mit undeutlicher Aussprache verhindern bei manchen Kindern, Gelerntes zu behalten. Solch ein Kind ist Gila.

Gila ist ein Migrationskind. Beide Eltern sprechen kaum ein Wort Deutsch. Gila erlebt die deutsche Sprache daher wie ein fremdes Fluidum. Sie ist sehr unsicher. Das betrifft alle Fächer. In Mathematik zeigt sich ihre Unsicherheit schon beim Zählen. Vor allem beim Rückwärtszählen verliert sie schnell den Überblick über die Zehner. Beim Lesen und Zählen im Heft ist sie sehr zaghaft. Sie verzählt sich laufend. Ich lasse sie gleichzeitig kräftig die Finger aufdrücken, während sie liest. Zusammen mit dem Sprechen gelingt es ihr besser, richtig zu zählen. Bei der Begrüßung und bei der Verabschiedung fällt auf, dass sie die Hand ganz gestreckt hält, ohne Druck auszuüben. Sie wagt es durch ihre Verunsicherung nicht, eine andere Hand fest zu drücken. Sie ist so verunsichert, dass sie es auch vermeidet, mir dabei ins Gesicht zu sehen. Ich muss sie dazu in jeder Stunde von Neuem ermuntern. Erst nach Monaten schafft sie es endlich, zaghaft zuzugreifen und mir dabei in die Augen zu sehen. Sie gewinnt über die Monate langsam Vertrauen. Gleichzeitig wird sie nach langem Üben sicher im Zählen und Zahlen behalten, das wir mit dem ganzen Körper üben. Eines Tages sagt sie strahlend: „Ich fühle, dass ich klug geworden bin."

Das Üben dient der Festigkeit von Fähigkeiten, damit diese zu Fertigkeiten werden. Das bezieht immer den Körper mit ein. Das 1x1 übt man am besten mit Bewegungen wie klatschen, einen Ball werfen oder prellen und schreiten. Das lässt sich auch in anderen Fächern anwenden, wie neuere Forschungen belegen. Selbst Schauspieler nutzen Bewegungen, um lange Texte auswendig zu lernen. Viele Ideen bekommt man über braingym.com. Hier werden neuronale Netzwerke gezielt durch Übungen aktiviert, die beide Gehirnhälften miteinander verbinden. Man kann daran sehen, wie wichtig die Einbeziehung des ganzen Menschen in den Unterricht ist. Zugreifen und Begreifen, Stehen und Verstehen zeigen Übergänge vom körperlichen zum verstehenden Menschen. Sobald Kinder sicher geworden sind in einer Grundrechenart, lieben sie Rechnen-Wettkämpfe und Spiele mit Gewinnern und Verlierern. Sie erleben dann, wie sicher und stark sie geworden sind.

Wiederholung

Jede Wiederholung festigt das Gesagte. Gerade für Mathematik bedeutet das, ganz viel zu üben. Kinder sind manchmal regelrecht „verliebt" in monotones Wiederholen. Wir möchten vielleicht längst weitergehen, sollten aber den Kindern diese Wiederholungen ermöglichen, denn sie sind ein Hinweis auf das Bedürfnis nach Festigung. Wer mit kleinen Kindern arbeitet, weiß, wie viele Wiederholungen es braucht, damit eine Gewohnheit daraus wird. Eltern können ein Lied davon singen. Es wird nicht immer ohne Verzicht und Widerstand gehen, denn Wiederholungen haben Durststrecken. Kinder lieben eher die Abwechslung. Auch Eltern müssen dann durchhalten und konsequent bleiben. Doch am Ende steht eine gefestigte Persönlichkeit vor uns, die den Einsatz lohnt. Kinder lieben aber auch die Wiederholung, wenn sie diese freiwillig wählen dürfen.

Das sollten wir uns zunutze machen, ganz im Sinne des Kindes. Maria Montessori sprach von der **Polarisation der Aufmerksamkeit**, wenn ein Kind in eine Vertiefung mit einer Aufgabe gefunden hat. Es ist dann so stark mit der Wiederholung eines Lernprozesses verbunden, dass es die Umgebung um sich herum ganz vergisst. Man darf diese Momente nicht stören. Hier entwickelt sich das Kind alleine im Umgang mit einem Material, in einer vorbereiteten Umgebung und in einer vertrauensvollen Arbeitsatmosphäre.[58] In der Schule bin ich immer wieder überrascht, wenn Kinder etwas dutzende

---

58 montessori-material.de/blog/montessori-paedagogik/
polarisation-der-aufmerksamkeit

Male wiederholen wollen, was bei mir schon beim Hinsehen nach kurzer Zeit Langeweile verursacht. Beispiel: Einfach nur Zahlenreihen aufschreiben, immer wieder. Es gibt Momente, in denen ein Kind so etwas tun muss, weil es sich darauf polarisiert hat und dadurch eine mathematische Festigkeit erfährt. Diese Momente sind nicht planbar, aber sie sind enorm wichtig für das Kind. Kinder lieben die Wiederholung, aber nur, wenn sie nicht vom Erwachsenen erzwungen wird, sondern aus einem inneren Bedürfnis wie von selbst entsteht. Sie brauchen uns dann als zurückhaltende Begleiter, die diesen Prozess mit Wohlwollen begleiten. Wohlgemerkt können Kinder ihre Aufmerksamkeit auch auf negative Gedankenmuster fokussieren. Dann werden sie zu einer Gewohnheit, die ihr Handeln und ihren Erfolg in der Schule blockiert.

Grenzen setzen

Auch das soziale Lernen braucht viel Festigkeit durch Schließen. Bekommt ein Kind, das von großer Unruhe geprägt ist, immer wieder an einer bestimmten Stelle ein gerechtfertigtes „Nein", so gibt ihm diese Grenze langfristig Sicherheit. Allerdings trifft das nur zu, wenn dem Kind der Grund für das „Nein" so gut erklärt wurde, dass es ihm verständlich wurde. Dieses „Nein" braucht manchmal eine intensive gemeinsame Bearbeitung, um letztlich vom Kind angenommen zu werden. Man sollte sich dafür Zeit lassen. Was für uns klar auf der Hand liegt, ist für ein Kind noch lange nicht genauso erkannt. So brauchen manche Kinder eine lange Zeit, um zu verstehen, dass es wichtig ist, immer wieder den Mund zu schließen und bei sich zu bleiben. Das „Nein" sollte auf jeden Fall am Ende einer durchdachten Beschreibung stehen und nicht am Anfang. Wir sollten alles tun, um ein Kind für bestimmte Regeln und eine bestimmte Struktur mit ins Boot zu holen. Dann haben diese Regeln Bestand. Eine geschlossene Sprache mit stärkerer Betonung der Konsonanten als der Vokale hilft dabei, die

Bedeutung der Regeln deutlich zu machen, denn Konsonanten schließen, geben Struktur und Vokale öffnen, laden ein. Auch Kindern sollte immer ein „Nein" zugestanden werden. Damit festigen sie ihre Persönlichkeit. Ein „Nein" nach außen ist gleichzeitig ein „Ja" zu sich selbst. Das sollte man respektieren und unterstützen. Ein Kind hat keinen Hunger mehr und sagt „Nein" zum Essen. Es sagt „Nein", wenn es nicht bereit ist für eine Tätigkeit, weil es sich von einer anderen noch nicht lösen kann. Kinder behalten dadurch den Zugang zu ihren Gefühlen und die Kontrolle über ihre Entwicklung und ihre Bedürfnisse. Das ist eine wichtige Voraussetzung für ihre Souveränität und ihre Selbstwirksamkeit.

Entwickeln von Fertigkeiten

Kein kreativer Prozess ist möglich ohne ein Schließen durch gefestigtes Wissen und bestimmte Fertigkeiten. So wie in der Mathematik erst die Grundrechenarten beherrscht werden müssen, brauchen wir in Deutsch zuerst einen guten Grundwortschatz, bevor wir kreativ mit der Sprache umgehen können. Ich erlebe immer wieder, wie Kinder mit Migrationshintergrund eine kreative Geschichte schreiben sollen und sich dabei in chaotischen Fantasien verlieren oder ganz daran scheitern. Meiner Meinung nach sollten sie sich erst darin üben, ganz einfache und überschaubare Abläufe, die sie beobachten, zu beschreiben und viel an einem Grundwortschatz arbeiten, bevor sie kreativ schreiben. Sie blühen bei Bildergeschichten auf, deren Abläufe sie verstehen. Daran kann man die Satzbildung gut üben und einen Wortschatz bildhaft abspeichern.

Organisation und Struktur

Festigung entsteht auch ganz einfach durch die Organisation im Kinderzimmer und im Klassenzimmer. Es setzt sich immer mehr durch, dass der Frontalunterricht auf ein Mindestmaß reduziert werden sollte. Im Kreis werden Themen eingeführt, die dann in Arbeitsgruppen durchgearbeitet werden. Das Klassenzimmer gleicht eher einer offenen Lernwerkstatt als einer Belehrungsanstalt früherer Zeiten. Die Schülerinnen bekommen Hilfen, um sich in ihrem Lernort „abzuschließen", damit sie sich konzentrieren können. Dazu sind die Tische oft mit Blick zur Wand aufgestellt. Ein Gehörschutz steht jedem Kind zur Verfügung, wenn es ihn will. Der Raum in der Mitte ist ganz für die gemeinsame Zusammenkunft freigehalten. Er dient bewusst der Gemeinschaftsförderung und Gemeinschaft gibt Halt.

Ein gutes Schließen bedeutet auch für die Erzieherin oder die Lehrperson, Strukturen zu schaffen, indem man klare, kurze Erklärungen gibt. Danach sollte gleich eine Handlung folgen. Das stärkt die Fähigkeit, Aufträge angemessen auszuführen. Wenn ein Kind den Worten nicht mehr folgen kann, trennt es die Verbindung. Das Kind verliert dann den Halt, den wir ihm mit unseren Erklärungen geben wollen. Es gerät schlimmstenfalls in einen haltlosen, schwebenden Raum der Desorientierung und wird unruhig. Andere Kinder gehen nach innen und verlieren sich in ihren eigenen Welten. Daher sollte man mit knappen Worten Anleitungen geben oder Sachverhalte zusammenfassen, das gibt Halt und nimmt die Kinder mit. Auch inhaltlich lassen sich Strukturen schaffen. Gerade traumatisierte Kinder brauchen einen begrenzten pädagogischen Freiraum. Ich habe es als hinderlich erlebt, wenn diese Kinder z. B. in Mathe verschiedene Lösungsansätze durchgehen müssen. Klare einheitliche Lernansätze sind hier eher förderlich.

Halt durch Bindung

Schließen hat auch mit Bindung zu tun. Den wichtigsten Halt bekommen Kinder durch die Beziehung zu der primären Bezugsperson, die sie liebt und versorgt. Es gibt beim Kleinkind ein angeborenes Bedürfnis, eine enge Beziehung zu dieser Bezugsperson aufzubauen. Eine verlässliche geschlossene Beziehung ist für den Säugling lebenswichtig. Dazu gehört mehr, als nur materiell versorgt zu werden:

• Die Mutter spürt, was ihr Kind braucht, wenn es schreit, und reagiert zeitnah und passend darauf.
• Die Mutter nimmt einen innigen Körperkontakt zum Kind auf und spricht viel mit ihm. Sie spiegelt es von Anfang an.
• Sie kann ihre eigenen Bedürfnisse mit denen ihres Kindes in Einklang bringen. Eine kreative Herausforderung!

Geborgenheit, Aufmerksamkeit, Zuwendung sowie geistige und körperliche Anreize gehören zu einer gesunden Bindung zwischen einem Kind und seiner Bezugsperson.[59] Zur Bindung gehört schon von klein auf untrennbar das Bedürfnis nach Entdecken und sich entwickeln dazu. Es ist ein Zusammenspiel zwischen zwei Gegensätzen: Geborgenheit = **Bindung** steht dem Bedürfnis nach Erkundung der Welt = **Exploration** gegenüber. Bindung entspricht einem gesunden Bedürfnis nach Schließen und Exploration einem gesunden Bedürfnis nach Öffnen. Wer in der Familie mehrere Kinder hat, kann beobachten, dass sie unterschiedliche Anteile für Bindung und Exploration haben und diese leben wollen. Angenommen, es gibt in einer Familie zwei Jungen. Sie werden in gleicher Weise geliebt und erzogen, und doch hat der eine ein stärkeres Bedürfnis nach Exploration, nach Bewegung und Entdecken der

---

59 siehe: kita-fachtexte.de/fileadmin/Redaktion/Publikationen/ KiTaFT_kirschke_hoermann_2014.pdf S.5-6

Welt als der andere. Die Eltern spüren, dass es seiner Entwicklung hilft, ihn darin nicht einzuengen. Gleichzeitig braucht er immer die Gewissheit, dass sie hinter ihm stehen, dass es einen sicheren Ort für ihn gibt, auf den er jederzeit zurückgreifen kann. Er wird wahrscheinlich später einen Beruf wählen, bei dem er sein Explorationsbedürfnis voll ausleben kann. Beim zweiten Sohn ist das Verhältnis von Bindung zu Exploration vielleicht eher umgekehrt. Er ist ein eher häusliches Kind, das viel Geborgenheit und Nähe zu den Eltern braucht. Er vertieft sich stundenlang und findet darin seine Erfüllung. Er wird wahrscheinlich später einen Beruf auswählen, bei dem er sich eher zurückziehen und vertiefen muss. Darin entwickelt er seine ganze Professionalität. Für die Eltern ist es angenehm, wenn ein Kind häuslich ist und gerne das Leben mit ihnen teilt. Ein Kind, das viel weggehen muss, um die Welt zu entdecken, fordert bei den Eltern heraus, auf Gemütlichkeit und gemeinsames Familienleben zu verzichten. Man kann daran ermessen, wie viel die Eltern mit dieser Herausforderung zu kämpfen haben, um beiden Kindern gerecht zu werden und ihnen einen bestmöglichen Weg ins Leben zu ebnen.

Fazit

Wir sehen: Öffnen und Schließen begleiten uns seit unserer frühesten Kindheit. Schließen bildet den anderen Pol, der dem Öffnen gegenübersteht und untrennbar mit ihm verbunden ist. Öffnen und Schließen strukturieren unseren Tagesablauf und den unserer Kinder. Schließen gibt ihnen Halt, den sie genauso brauchen wie ihre Freiheit, die Welt zu entdecken. Sie müssen diese beiden Pole ausbalancieren, während sie wachsen und in die Schule gehen. Wir als Erzieher und Lehrpersonen helfen ihnen dabei, diesen Prozess in die Balance zu führen. Dieser Prozess fordert unsere ganze kreative Beweglichkeit. Wir betreten einen Raum, bei dem es immer um die Ausgewogenheit zwischen Öffnen und Schließen geht, den Raum der Mitte.

TIPPs

- Verbindlichkeiten regelmäßig einüben, bis sie Gewohnheit sind (Begrüßung, Verabschiedung, Danken, Zuhören mit Blickkontakt etc.)
- schulische Fertigkeiten rhythmisch einüben
- Wiederholungen von Lernstoff regelmäßig einplanen
- Kurze Ansprachen mit klaren Grenzen setzen: Ja ist Ja und Nein ist Nein und darauf achten, dass Absprachen eingehalten werden
- Die Bindung zum Kind stärken und gleichzeitig Freiraum zum Entdecken einräumen
- Vertiefungen des Kindes bei Spiel und Arbeit ermöglichen (Polarisation) und dabei nicht stören

Kapitel 2.8
Die Kraft der Sprache einsetzen

Die Sprache spielt beim Ringen um Balance eine entscheidende Rolle. Sie wird heutzutage oft als reine Information eingesetzt, um eine Aufgabe zu erledigen. Die Sprache hat aber eine viel größere Aufgabe zu erfüllen. Mit Sprache können wir die Balance wiederherstellen, wie wir bei Konflikten gesehen haben. Eine entwickelte Sprache hilft mir, selber wieder in die Balance zu kommen, da ich alles ausdrücken kann, was mich bewegt. Kinder werden meist dann aggressiv, wenn ihnen die Worte fehlen. Mir fallen drei Ebenen ein, in denen Sprachbildung eine fundamentale gesellschaftliche Aufgabe hat:

- Die zunehmende Zahl von **Migranten** verlangt nach Angeboten, die deutsche Sprache zu erlernen wie im DAZ-Unterricht in der Schule. (Deutsch als Zweitsprache) Die Beherrschung der Landessprache ist ein wesentlicher Faktor, um am öffentlichen Leben teilzuhaben.

- Die vielfältigen **Konflikte**, die bereits in Elternhaus und Schule stattfinden, verlangen nach einer wertschätzenden, deeskalierenden Sprache. GFK ist eine Antwort darauf. Sprache muss bei Konflikten sehr subtil eingesetzt werden.
- Eine einfühlsame, lebendige und bildhafte Sprache ist der wesentliche Aspekt des **Menschseins**, der uns von Tieren und Maschinen unterscheidet. Sie ist immer mit dem ganzen Menschen verbunden, wenn wir sprechen. Sie ist daher ganzheitlich, worin sie sich fundamental von der künstlichen Intelligenz (KI) unterscheidet.

Der erste Aspekt ist am leichtesten zu verstehen. Jeder Mensch hat das Recht auf Teilhabe am gesellschaftlichen Leben. Ohne die Beherrschung einer klaren und eindeutigen Sprache ist das unmöglich. Über den zweiten Aspekt habe ich im vorigen Kapitel ausführlich gesprochen. Der dritte Aspekt braucht am meisten Erklärungen. Daher möchte ich mich ihm ausführlicher zuwenden.

Eine Sprache, die balanciert

Sprache kann bildhaft, einfühlsam und schön sein. Damit gleicht sie Unstimmigkeiten aus, schafft Identität und Vertrauen. Sie sollte im Mittelpunkt von Erziehung und Unterricht stehen, denn Kinder sprechen gerade auf diese Aspekte der Sprache an. Eine **bildhafte Sprache** fühlt sich in die Umgebung, in andere Menschen und Tiere ein. Die Dinge und Wesen unserer Umgebung werden durch eine bildhafte Sprache belebt. Ich werde nie vergessen, wie der Klassenlehrer in der 4. Klasse vom Wildschwein sprach. Das Besondere, was bei mir haften blieb, war die bildhafte kraftvolle Sprache: „Das Wildschwein – Durchbrecher des Dickichts." Allein die Konsonanten drücken aus, wie das Wildschwein durch das Unterholz durchbricht, wie es seine ganze Kraft und Massigkeit dafür einsetzt. Man spürt instinktiv, dass hier als Spaziergänger Vorsicht geboten ist. Es zeigt das ganze Wesen des Tieres schon so kraftvoll in der Überschrift, dass ich sie nie vergessen habe. Bildhaftigkeit zeigt die Schönheit der Sprache. Kinder verstehen Bilder viel besser als abstrakte Gedanken. Bilder verdeutlichen einen Sachverhalt, oder wie Beuys es ausdrückte: „Was bereits entschlüsselt ist, kann man mit Bildern beleben[60]." Gut erzählte, bildhafte Geschichten, die aufbauende Visionen vom Leben in sich tragen, wecken und bannen alle Kinder, jedes auf seine Weise, wie es einen Zugang zu seinen inneren Bildern hat. Es gibt Bilder, die uns Wahrheiten zeigen, uns ermutigen und Kraft geben, um uns den Herausforderungen des Lebens zu stellen. Kinder können bei einem Streit unerbittlich sein mit ihren Vorwürfen. „Das hast du mit Absicht getan!", kann man oft hören. Wie soll man ihnen die Kunst der sensiblen Gesprächsführung beibringen, ohne sie intellektuell zu überfordern? Ich finde, gerade kleineren Kindern kann man die ganze Tragweite eines Missverständnisses am besten *bildhaft* darstellen, so wie im Märchen:

Der König schrieb einen Brief, in dem stand, man sollte die Königin wohl halten und pflegen, bis zu seiner Ankunft. Der Bote ging mit dem Brief zurück und ruhte an einem Bache, und da er von dem langen Weg ermüdet war, schlief er ein. Da kam der Teufel, der der jungen Königin immer zu schaden trachtete, und vertauschte den Brief mit einem anderen. Darin stand, man sollte die Königin mit ihrem Kind töten (nach „Das Mädchen ohne Hände").

Kinder brauchen mehr als nur eine technische Lesefertigkeit. Ein Kind möchte in dem Gelesenen einen Zugang bekommen „... zu dem, was seinem Leben auf der jeweiligen Entwicklungsstufe einen tieferen Sinn gibt", sagt der bekannte Psychoanalytiker Bruno Bettelheim.[61] Das erfahren sie am besten in eindrucksvollen

---

60 Interview 1980 youtube
61 Bruno Bettelheim: Kinder brauchen Märchen 1997, Einleitung

altersgemäßen Bildern, mit denen sie sich als kreative, imaginationsfähige Wesen am besten entwickeln können.

Die Sprache hat an sich schon ein kreatives Potential in sich, wenn man ihre Bildhaftigkeit betrachtet und anwendet. Das betrifft nicht nur die Redewendungen und Sprichwörter, die sich im Laufe der Jahrhunderte herausgebildet haben. Einzelne Begriffe wie „Sisyphusarbeit" oder „mit Argusaugen" weisen in ferne griechische Mythologien zurück. Oft kennen wir kaum noch die Geschichten dahinter, wenn wir die Begriffe verwenden. Dichter haben die Fähigkeit, verborgene Gefühle und Wissen durch eine bildhafte Sprache hervorzubringen. Mit einer bildhaften Sprache treffen wir den Nerv von Kindern. Eine bildhafte Sprache ist ein großer Türöffner, um Zuhörer zu erreichen. Mir selbst geht es so, dass ich einem Redner besser zuhören kann, wenn er Bilder und Geschichten verwendet, als wenn er sich in abstrakten Gedanken verliert. Dabei spielt das Verb eine große Rolle. Das ist nicht verwunderlich, denn Begriffe haben etwas Statisches, Verben etwas sehr Lebendiges an sich. Damit sind sie den Kindern besonders nahe. Man denke nur an das Gedicht von James Krüss vom Feuer:

„Hörst du, wie die Flammen flüstern, knicken, knacken, krachen, knistern? Wie das Feuer rauscht und saust, brodelt, brutzelt, brennt und braust? ..."[62]

Spricht man das Gedicht ohne Vokale, kann man das Feuer direkt bildhaft vor Augen haben. Die Konsonanten schaffen auch hier eine äußerst bildhafte Beschreibung des Feuers.

Eine besonders **einfühlsame und schöne Sprache** kann man in der Musik erleben. Dabei spielt es eine Rolle, ob wir den Rhythmus der Sprache ausdrücken, ob wir eher vokalisch

---

62 friedrich-verlag.de/grundschule/deutsch/lesen/hoerst-du-wie-die-flammen-fluestern-6253

oder konsonantisch singen wie bei dem Gedicht vom Feuer, ob wir eher offene oder geschlossene Laute betonen. Bei näherer Betrachtung können wir feststellen: Wir können Sprache gestalterisch lebendig machen und damit mehr als nur sachliche Informationen vermitteln. Viel hängt auch davon ab, ob wir einen **offenen Sprachraum** schaffen, der die Kinder einlädt, in die Sprache mit einzutauchen und selbst kreativ mit ihr umzugehen. Dabei ist es von großer Bedeutung, ob wir uns bewusst sind, dass wir eine offene oder eine schließende Sprache benutzen. Sprache drückt selbst aus, ob sie offen oder abschließend genutzt wird. Wir sagen: „Ich schließe daraus, ich schlussfolgere." Das heißt, ich bringe zum Abschluss. Oft merke ich in dem Moment nicht, ob ich auch ein abschließendes Urteil gefällt und weitere Erkenntnisse ausgeschlossen habe. Jedes Schließen ist ein vorübergehender Abschluss, der mir eine momentane Erkenntnis liefert. Wenn ich das Schließen laut ausspreche, ist es mir bewusst. Wenn es sich von allein in mir vollzieht, geschieht es eher unbewusst. Bei Kindern vollzieht sich das Schließen nach meiner Erfahrung eher unbewusst, selbst wenn sie es laut aussprechen. Ich erlebe es immer wieder, dass ein Kind sagt: „Ich bin dumm. Das lerne ich nie." Sie wissen in dem Moment nichts von der schöpferischen Kraft der Sprache. Sie haben zu wenig Ermutigung erfahren und halten an den negativen Glaubenssätzen fest, die sie aufgenommen haben. Durch das Aussprechen festigen sie ihren fehlenden Glauben an sich selbst noch mehr. Es ist äußerst schwer, gegen diese falschen Schlüsse anzugehen und sie auszutauschen. Wer mit Kindern arbeitet, weiß, wie sehr sie an uns glauben und wie sehr sie von unserer Liebe und unserem Urteil abhängig sind. Kinder können durch eine fehlende Wertschätzung ganz das Sprechen verlernen. Als Kind nimmt man die Sprache der Eltern, wie bereits beschrieben wurde, über Spiegelneuronen in sich auf. Man wird von ihnen geprägt, mit aller Schönheit und auch Unvollkommenheit. Man nimmt mit ihr immer das Drumherum auf. Damit meine ich, ob man überhaupt lebendig und wertschätzend in der Familie kommuniziert. Wenn

Eltern zu Hause nicht lebendig mit ihren Kindern kommunizieren, bringt das Kind dies als Veranlagung mit in die Schule. Manche Kinder kommunizieren überhaupt nicht gerne in der Schule. Vielleicht sind sie durch einen zu starken Gebrauch von Medien so geprägt, dass sie verstummen, vielleicht durften sie sich nicht ausgiebig vor ihren Eltern ausdrücken. Das ist oft ein Rätsel. Meine Aufgabe war es einmal, genau so ein Kind, das kaum noch in der Lage war, sich auszudrücken, wieder zum Sprechen zu bringen.

Jebo ist ein zwölfjähriger ungewöhnlich großer und ruhiger Junge, der mit schleppendem Gang die Treppe zu meinem Unterrichtsraum hochkommt. Er spricht kein Wort und verrät mit keiner Geste, ob ihn etwas berührt. Er grüßt nicht und verabschiedet sich auch nicht von mir. Als er vor mir sitzt, habe ich den Eindruck, dass seine „Türen" besonders stabil gebaut sind. Jebo spricht wenig. Daher liegt sein Förderbedarf in dem Fach, das ganz besonders auf sprachlichen Kompetenzen aufbaut, in Deutsch. Mit welchem Schlüssel bringe ich diesen Jungen zum Reden und zum Öffnen seiner Schutzzone? Jebo liebt das Vorgefertigte, das nicht mehr erforscht werden muss. Er liebt Mathe, weil es da „immer nur ein Ergebnis bei einer Rechnung gibt." Nach einigen erfolglosen Versuchen führe ich ihn in den Raum, der ihm am wenigsten vertraut ist: den Kreativraum der Sprache, der Rhythmus und Phantasie miteinander vereinigt. Das ist auch für mich nicht einfach, denn er kriegt den Mund nicht auf. Er macht alles im Stillen mit sich ab. Musik prallt von ihm ab. Wir trommeln zusammen, doch er findet nur mühsam in einen rhythmischen Flow hinein. Am ehesten gelingt es ihm, einen gleichmäßigen Grundschlag zu halten. Wir üben trotzdem immer weiter, da Rhythmus und Sprache eng miteinander verbunden sind. Jebo braucht enorm lange, um sich auf eine kreative sprachliche Arbeit einzulassen. Seine Fantasie ist tief in ihm verborgen. Reimwörter fallen ihm nicht ein. Lange muss er nachdenken, als wir nach verwandten Wörtern suchen. Immer wieder üben wir uns im Sprechen, in Musik, im Trommeln. Das geht über Monate. Doch mit viel Ausdauer und immer wieder neuen Ideen gelingt es schließlich, Jebo in den Kreativraum zu locken und seine Fantasie zu wecken. Endlich zeigt sich ein erster Erfolg: Vor mir sitzt ein lächelnder, beweglicher Junge, der nun mit Leichtigkeit nach verwandten Wörtern sucht und sich auf das Erforschen von Sprache einlässt. Die kreative Arbeit hat seine Türen geöffnet und er verabschiedet sich nun sogar freundlich und zufrieden von mir.

TIPPs

- Machen wir uns immer wieder bewusst, wenn wir den Kindern nur eine Sachinformation vermitteln wollen. Diese sollte möglichst kurz sein und eine anschließende Handlung unmittelbar nach sich ziehen.
- Betreten wir bewusst mit den Kindern den Raum der schönen Sprache: Wir können gemeinsam Gedichte lesen, Lieder singen und Wörter trommeln, um die Silben hervorzuheben. Wer es sich zutraut, versucht sich in einem Rapp.
- Beleben wir den Inhalt unserer Hinweise, Anweisungen oder Belehrungen für unsere Kinder, indem wir sie in Bilder packen, die unsere Kinder verstehen können.

Kapitel 2.9
Impulse für einen kreativ-offenen Unterricht

Fragen stellen

Kinder erlahmen in ihrem Interesse, wenn sie nur auf Fragen antworten sollen. Wir haben gesehen, dass sich in unserem Denken etwas verschließt, wenn wir nur zielgerichtet und fokussiert denken. Konvergente Aufgaben verstärken dieses

Denken. So kommen Schülerinnen nicht in die Balance und in den Flow des Lernens. Wie könnte es anders sein? In einem fünf Jahre laufenden Modellversuchsprogramm in Thüringen beschäftigten sich die Lehrpersonen mit der Frage, wie gute Aufgaben für Schüler aussehen sollten. Dabei wurde festgestellt: „Gute Aufgaben sind die, wenn Kinder fragen und nicht der Lehrer[63]." In Lehrbüchern stehen meistens Aufgaben mit einer geschlossenen Form. „Offene Aufgabenstellungen und Impulse, sich eigene Fragen zu überlegen und sie zu beantworten, ermöglichen individuelle Auseinandersetzungen mit der Sache. Persönliches Wissen, private Neigungen und Interessen können eingebracht werden. Man darf, ja man soll den eigenen Gedanken folgen und sie mit vorliegenden Informationen in Verbindung bringen." Bei diesen Aufgaben spielen das Schätzen und Überschlagen eine große Rolle (ebd.). Fragen sind der größte Öffner zum Lernen. Sie entstehen wie von selbst, wenn Neugierde entfacht ist. Wir können durch Fragen die Welt am besten verstehen lernen. Dabei öffnen wir unser Denken, indem wir es beweglich und weit machen. Offene Fragen schaffen eine divergente Situation mit offenem Ausgang. Vielleicht meiden viele Menschen offene Fragen, da sie unter einem straffen Termindruck stehen? Offene Fragen brauchen mehr Zeit als der Austausch von schnellen Informationen, erst recht, wenn sie assoziative Antworten zulassen. Es besteht die Gefahr, sich selbst zu verlieren, wenn nur der andere redet. Daher brauchen offene Fragen einen größeren zeitlichen Rahmen, der Raum gibt. Wenn Kinder wenig Fragen stellen, könnte das ein Hinweis darauf sein, dass ich als Lehrperson oder zu Hause als Bezugsperson zu stark in meinen eigenen Zielen und Ansichten stecke. Kinder kommen nicht zum Fragen, wenn wir nur an unseren Zeitplan denken, ihre angefangenen Sätze vollenden und sie häufig unterbrechen. Kinder stellen eigentlich viele Fragen, wenn der Raum dazu geschaffen ist. Es lohnt sich, diesen zu

---

63 Grundschulunterricht 2/2006, S. 33–34

schaffen, denn das fördert die Beziehung zueinander und die Motivation beim Kind zu lernen.

Man kann mit Fragen Gespräche lenken nach dem Motto: „Wer fragt, führt." Das schafft eine angeregte Gesprächsführung, bei der sich der Gefragte gerne öffnet. Es gibt **offene und geschlossene Fragen.** Bei geschlossenen Fragen lenke ich den anderen zu einem bestimmten Ziel hin. Es gibt in der Regel nur eine richtige Antwort. Damit enge ich den Raum der Antworten stark ein. Es ist der Raum der Konvergenz: „Wie heißt das Tier, das sich durch das Unterholz des Waldes drängt?" Die Folge ist, dass die Schüler gedanklich nicht kreativ werden. Sie suchen nur die eine Lösung, die die Lehrperson im Kopf hat. Es gibt damit Gewinner und Verlierer. Es gewinnt, wer am schnellsten die Gedanken der Lehrperson erraten kann. Das führt zu einer übermäßigen Anpassung und oft zu einer beklemmenden Situation, wenn sich zu wenig Schüler und Schülerinnen melden. Viele Schüler verabschieden sich in diesen Momenten vom Unterricht. *Offene Fragen* dagegen laden jeden ein, sich zu äußern. Es gibt viele Möglichkeiten zur Antwort: „Habt ihr es schon einmal im Wald unheimlich knacken gehört und ihr wusstet nicht, welches Tier da kommt?" Mit offenen Fragen kann man eine ganze Gruppe leiten und aktiv einbeziehen. Das ist die Chance für einen offenen Unterricht. Es ist der Beginn eines kreativen Gruppenprozesses. Eine divergente, kreative Gruppensituation braucht einen Leiter, der den Raum mit einer bestimmten Frage für alle öffnet und den zeitlichen Rahmen immer im Blick hat. Es ist wichtig, immer zu wissen, ob ich einen weiten oder einen engen Raum mit meiner Frage öffne. Fragen zu stellen ist eine Kunst. Das hat schon Sokrates gewusst und daraus eine Fragemethode entwickelt, die allein durch Fragen den anderen zum Nachdenken anregt, ohne ihn zu belehren: die **sokratische Methode**.[64] Man könnte kurz sagen: Die sokratische Methode ist eine Kunst, dem anderen Wissen zu vermitteln, ohne

---

64 backwinkel.de/blog/der-sokratische-dialog-im-unterricht/

ihn zu belehren, indem man ihn anregt, durch Fragen seine Überzeugungen und Ansichten zu hinterfragen. Damit werden ihm nicht nur seine beschränkenden Gedanken bewusst. Er lernt, eigenverantwortlich und kreativ zu denken. Es entsteht ein fragend entwickelter Unterricht. Der Sokratische Dialog lässt sich in 5 Phasen unterteilen und besonders gut bei jeder Form von Verallgemeinerung anwenden:

- Der Dialog beginnt mit einer offenen Frage, die darauf abzielt, das Wissen und die Überzeugungen der Person zu einem bestimmten Thema zu erkunden.
- Die fragende Person stellt sich unwissend und bohrt nach, steigert die Überzeugung, indem sie diese auf die Spitze treibt (Sokrates wählte oft dafür die Ironie).
- Der Gefragte erkennt Widersprüche in seinem Denken, woraus ihm sein Nicht-Wissen auffällt. (An dieser Stelle sah sich Sokrates als „Geburtshelfer" eines neuen Denkens.)
- Die ursprüngliche Aussage wird vom Fragenden erneut aufgegriffen. Dabei wird dem Gefragten deutlich, dass sie nicht mehr haltbar ist.
- Der Gefragte wird ermuntert, seine erste Aussage zu ändern oder zu erweitern.

Ein kurzes Beispiel mag das verdeutlichen:

- Die Schülerin äußert in Mathe: „Immer mache ich den gleichen Fehler. Ich bin dumm. Ich mag Mathe nicht."
- Der Lehrer fragt nach: „Woher weißt du das? Ist das immer so? Gibt es Ausnahmen, für die das in Mathe nicht gilt?"
- Die Schülerin erkennt Widersprüche in ihrer Ansicht. Es wird ihr bewusst, dass sie nicht überall Fehler macht und manchmal sogar Spaß hat in Mathe.
- Der Lehrer greift die erste Aussage der Schülerin erneut auf. Die Schülerin erkennt ihren Irrtum.
- Der Lehrer ermuntert die Schülerin: „Kannst du mir sagen, wie du mit deinen Fehlern besser umgehen könntest?"

Bestenfalls erkennt die Schülerin ihren falschen Glaubenssatz und gewinnt neuen Mut, sich für das Fach zu interessieren und anzustrengen. Fragen werden manchmal auch provokativ von Kindern genutzt. Es können dadurch unangenehme Lernsituationen entstehen, die man schnell entschärfen und nicht persönlich nehmen muss. Provozierende Fragen können genutzt werden, um damit kreatives Denken anzuregen. So ging es mir in einer 6. Klasse.

Eine pubertäre Schülerin, die ihren Problemen mit Mathematik ausweichen wollte, fragte mich einmal: „Was soll das Ganze? Wozu ist Mathematik überhaupt gut?" Ihre provokante Haltung versprach eine längere hitzige Diskussion, die uns vom Thema abbringen würde. Ich entschied mich dazu, den Spieß umzudrehen. Der ganzen Gruppe zugewandt fragte ich: „Sagt ihr es mir. Wozu ist Mathematik eigentlich gut?" Es entstand erst eine längere Stille, dann folgten interessante Antworten. Je länger ich geduldig wartete, desto reicher wurde die Ausbeute. Jeder wollte noch ein Beispiel aus dem Berufsleben nennen, wo Mathematik eine Rolle spielt. Es entstand eine angeregte Diskussion. Mathematik wurde nie wieder in Frage gestellt.

TIPPs

- Nutzen Sie die Möglichkeit, Ihre Kinder mit Fragen zu lenken.
- Achten Sie darauf, dass Ihre Frage ein aufrichtiges Interesse bedeutet.
- Nehmen Sie die Fragen der Kinder ernst. Geben Sie nicht vorschnelle Antworten.
- Setzen Sie bewusst offene Fragen ein, wenn genügend Zeit ist, diese ausführlich zu beantworten. Dadurch lernt das Kind, sich auszudrücken.

Werte vermitteln

Wir haben im vorigen Kapitel gesehen, dass Werte mit einem gesunden Schließen zu tun haben. Werte geben Halt und müssen regelmäßig eingeübt werden. Ist der kreative Prozess auch sinnvoll bei der Vermittlung von *Regeln*, die zu guten Werten führen sollen? Damit ist gemeint, ob es sinnvoll sein kann, Regeln mit einer Öffnung einzuleiten? Wir haben gesehen, dass Öffnen und Schließen zentrale Punkte des kreativen Prozesses darstellen. Sie sind vom Alter und vom Entwicklungsstand des Kindes abhängig. Daraus ergeben sich bei der Vermittlung von Regeln zwei Grundhandlungsmuster:

1. **Regeln vorgeben**. Das Kind ist noch klein, es versteht den Sinn vieler Anweisungen noch nicht. Wir diskutieren daher nicht mit ihm, wenn wir Regeln anlegen wollen: feste Essenszeiten, feste Zeiten für das Zähneputzen o. ä. Wir würden es überfordern. Hier ist es wichtig, sich selbst genau an diese Regeln zu halten und sie ruhig und bestimmt durchzusetzen. Kinder akzeptieren die Regeln, wenn sie langfristig merken, dass damit ihre Grundbedürfnisse gestillt werden. So entsteht eine Art Regel-Rhythmus.
2. **Regeln erarbeiten**. Kinder fangen an, zu verstehen. Sie fragen viel nach und wollen verstehen, warum wir bestimmte Verhaltensweisen einfordern. Jetzt ist es nicht mehr von Vorteil, alle Regeln rigide durchzusetzen. Wir erziehen die Kinder zu ihrer beginnenden Eigenverantwortlichkeit, indem wir sie in alle Regeln mit einbeziehen.

Kinder können uns herausfordern, so dass wir sie schnell mit unseren Wertvorstellungen konfrontieren. „Das tut man nicht!", „Man macht das so, man verhält sich so oder so." Oft reglementieren wir Kinder, ohne zu ahnen, dass sie alt genug sind, auch hier mit einbezogen zu werden. So berechtigt und gut es ist, was wir ihnen vermitteln wollen: Es bleibt ein starres und abschließendes Konstrukt, wenn es nicht kreativ belebt wird. Außerdem verstehen Kinder bereits lange vor unseren Worten, was wir an Wertvorstellungen durch unser Erscheinen nach außen tragen. Wenn wir das nach außen tragen, was authentisch in uns lebt und vorgelebt wird, verstehen sie am besten die Worte, die unsere Werte ausdrücken sollen. Eine Gefahr für unsere Autorität entsteht, wenn wir zu schnell unsere Werte ausdrücken und das Gegenteil vorleben. Kennen Sie auch Menschen, die auf die Frage: „Liebst du mich?" wütend antworten: „Natürlich liebe ich dich. Wie kannst du nur so etwas fragen?" In dem Moment möchte der andere sicherlich keine verbale Liebesbezeugung, erst recht nicht mit wütendem Unterton. Er möchte zum Ausdruck bringen, dass er sich schon länger vernachlässigt fühlt und sich mehr Nähe wünscht. Aussage und Ausdruck stimmen nicht überein.

TIPPs

- Beschränken Sie das Einführen von rigiden Regeln auf ein Mindestmaß, und nur so lange, wie Ihre Kinder noch klein sind und sie nicht verstehen können. Bedenken Sie dabei: Es ist ein langer Prozess für Kinder, Geduld zu entwickeln. Aber es lohnt sich: Geduld ist der Anfang aller Tugenden.

- Kinder brauchen Werte. Nehmen Sie sich Zeit, diese anschaulich und kreativ dem Kind zu vermitteln. Das kann mit eindrücklichen Bildern oder geschickten Fragestellungen geschehen. So werden die Werte besser aufgenommen und sicherlich nachhaltiger wirken.

- Prüfen Sie, ob Sie die Werte selbst vorleben. Vermitteln Sie, dass jeder Mensch auch an seinen eigenen Werten immer wieder scheitern kann. Je ehrlicher wir mit unseren Kindern über das moralische Scheitern sprechen, desto mehr verstehen sie, dass Scheitern, Fehler machen und Verzeihen zum Menschsein gehören.

Offene Lernsituationen

Offene Lernsituationen regen Kinder besonders an. Das sind Situationen, bei denen sie experimentieren, Fragen stellen und aktiv sein dürfen. Eigentlich sollten unsere Unterrichtszeiten und unsere Lehrbücher voll davon sein. Aufgaben in den herkömmlichen Mathebüchern haben aber zum allergrößten Teil konvergente Aufgaben. Das heißt, bei jeder Aufgabe gibt es genau eine Lösung. Das ist gut zur Überprüfung von Wissen bei Lernkontrollen. Es fördert jedoch nicht das kreative, bewegliche, mathematische Denken. Kinder fallen aus allen Wolken, wenn ich zuerst mit dem Ergebnis komme und sie frage, was die Aufgabe dazu sein könnte. Beispiel: Was ist 24 im Bereich der Multiplikation? Da gibt es mehrere Möglichkeiten: 3x8, 6x4, 2x12 sowie deren Umkehrungen. Der Vorteil von dieser Aufgabenstellung liegt auf der Hand: Kinder lernen, beweglich mit Zahlen zu operieren. Sie lernen aber auch voneinander. Die schnellen Rechner liefern viele Möglichkeiten, auf die die langsameren Rechner nicht gekommen wären. Dadurch werden nun auch sie angeregt. Eine Win-Win-Situation ohne Verlierer. Auf ähnliche Weise können die langsameren Rechner von den schnelleren profitieren, wenn man diese bei der Aufgabenstellung mit einbezieht. Oft gibt es das Problem, dass noch nicht alle Schüler mit den Aufgaben fertig sind, während die schnellen Rechner anfangen, sich zu langweilen. Das ist ein heikler Moment, den jeder Lehrer kennt. Bekommen die schnellen Rechner keine sinnvolle und zugleich motivierende Aufgabe, werden sie unruhig, und sie verlieren vielleicht sogar die Lust am Rechnen. Ich werde die freudigen Gesichter nicht vergessen, als ich verkünde, dass sie eigene Aufgaben für die Klasse erfinden dürfen.

Aufgaben werden selten im Unterricht umgedreht. Kinder müssen sich erst daran gewöhnen. Daher braucht es hier viel Wiederholung und Übung. Es ist gut, sich bewusst zu machen, ob wir konvergentes oder divergentes Denken im Unterricht fördern. Gibt es auf meine Frage viele Lösungen? Dann ist sie divergent. Dürfen Kinder auswählen? Sind ihre Gefühle gefragt? Dann hat meine Frage einen divergenten Charakter.

Aufgabenstellungen mit Fühlcharakter

Schätzen schafft ebenfalls einen Raum der Divergenz, da wir beispielsweise Gewichte durch Vergleichen schätzen können. Dazu nehmen wir in jede Hand einen anderen Gegenstand. Der Unterschied ist leicht zu spüren. Welcher Gegenstand im Raum wiegt etwa ein Pfund? Wer kommt dem Pfund am nächsten? Diese Art Aufgaben können wir nicht kognitiv lösen. Wir müssen uns mehr auf unser Gefühl verlassen. Immer wieder erlebe ich dabei Kinder, die funktional und mechanisch gut rechnen können, sich aber bei der Größenvorstellung völlig verschätzen. Sie raten eher, ohne zu fühlen und zu vergleichen. Dabei macht es Kindern besonders viel Spaß, hier Dinge in die Hand zu nehmen und ihr Gewicht zu spüren, Entfernungen abzulaufen und zu schätzen. Gerne beteilige ich mich an diesem Spiel. Es erfüllt Kinder mit Stolz, wenn sie genauer geschätzt haben als ich, und ich freue mich, dass sie eine lebenspraktische Kompetenz erworben haben. Mathematik, die man mit allen Sinnen erfährt, öffnet innere Räume für Mathematik und verhindert, dass Kinder mechanisch und lebensfern rechnen. Das geht auch in höheren Klassenstufen. In der 6. Klasse lasse ich bei der Dezimalbruchrechnung Kinder immer wieder Strecken, Quader und Kreise mit Augenmaß halbieren, vierteln und achteln. Hier ist die Strecke dann 1, sodass anschaulich nur Bruchzahlen entstehen. Durch ständiges Halbieren kommen wir zu sauberen Hälften, Vierteln, Achteln usw. Das gelingt jedem Kind bei etwas Übung. Von hier ist es auch einfacher, zu den schwierigeren Einteilungen der Zehntel und Drittel zu kommen, statt dass wir sie sukzessiv, also schrittweise konstruieren lassen. Es ist vor allem alltagstauglich, Strecken zu halbieren, da wir die Mitte durch unser **Gefühl für Gleichgewicht** am besten finden. Für die Augen ist es am leichtesten,

Symmetrie wahrzunehmen und dadurch Verhältnisse einzuschätzen. Begriffe werden erst lebendig, wenn wir sie selbst gebildet haben. Was nutzt es, den Begriff Quadrat zu kennen, wenn man das Bedeutende daran nicht fühlt? Ich lasse Kinder ein Quadrat gerne durch Annäherung selbst bilden. Sie sollen dabei die kurze Seite so verschieben, dass allmählich ein Quadrat entsteht. Durch diese Erfahrung wird das Quadrat lebendig selbst gefunden. Rechte Winkel lasse ich ähnlich finden. Dabei strecke ich einen spitzen Winkel so weit, bis er in den stumpfen Winkel übergeht. Die Kinder sagen mir, wann Stopp ist. Solche Übungen beziehen den ganzen Menschen mit ein. Begriffe werden durch eigene Erfahrungen erst richtig erlebt. Das prägt sich ein.

Sinnlicher Unterricht

Ein wichtiger Öffner für die Augen in Alltag und Schule ist das **künstlerische Sehen**. Wir übersehen die Details unserer Umgebung, wenn wir nur zielgerichtet sehen, was wir sehen wollen und was wir gelernt haben zu sehen. Der aktive Prozess beim Sehen geht verloren, und es fällt mir kaum noch auf, wo etwas Schönes verborgen ist.

Selbstversuch

Versuche, deine Welt wie ein Künstler zu sehen: Achte bei deinem Weg nicht auf das Ziel, sondern auf die Form der Blätter am Baum, auf den Rhythmus, wenn ein Windstoß hindurchgeht, auf die Melodiespur beim Rascheln der Blätter. Lass nun den Blick etwas verschwimmen, so dass du das ganze Grün im Wald als eine einheitliche Farbe wahrnimmst. Achte auf die Haltung des Menschen, der dir gerade entgegenkommt, versuche sein Körperbewusstsein nachzuempfinden, den Rhythmus seines Ganges und seine pendelnden Arme nachzubilden. Vermeide jedes Urteil und bleibe ganz beim inneren Beschreiben.

Kinder lieben das Spiel: *Ich sehe was, was du nicht siehst.* Bei dem Spiel zeigt sich deutlich, dass wir immer nur Ausschnitte sehen, die wir sehen wollen. Kindern gibt das die Macht, einmal bestimmen zu dürfen, ganz legal. Außerdem zeigt sich bei diesem Spiel eine Variante vom Versteckspiel. Ich verstecke mich. Suche mich! Diese Spiele sind äußerst beziehungsfördernd. Der wissende, sehende Erwachsene wird mit seiner „Blindheit" konfrontiert und muss sich zu dem Kind herabbeugen, um es zu finden. Dadurch sind wir dem Kind besonders nah. Es bringt uns in die gleiche Sehrichtung des Kindes. Es hat eine öffnende Wirkung, wenn wir uns auf Augenhöhe begegnen, auch mit Kindern. Wir können das Spiel nun umdrehen und damit das Sehen des Kindes aktivieren, wir können es öffnen für unser Anliegen, dem Kind etwas zu zeigen. Wir müssen dem Kind dabei auch Brücken bauen, so wie es uns eine Brücke bauen muss, damit wir sein gewähltes Objekt finden: „Es ist rund, rot und du liebst es, Papa." Genauso sollten wir dem Kind Brücken beim Lernen bauen, die seine Sinne öffnen. „Ich sehe etwas, das noch nicht an seinem Platz ist." Kinder gehen automatisch sofort auf die Suche, wie beim Spiel. In vielen Lernsituationen können wir dieses Spiel Augen öffnend einbringen. Es hat den großen Vorteil gegenüber erklärenden Beschreibungen, dass es die Kinder aktiv macht, ihre Augen öffnet und sie in die Selbstständigkeit führt.

Künstler wissen es ganz besonders, dass Sehen gelernt werden muss. „Alte Sehgewohnheiten aufbrechen" ist das Ziel an den Kunsthochschulen. Man geht davon aus, dass unser Sehen durch gewohntes Sehen beschränkt ist. Wir haben *Sehgewohnheiten.* Eine besondere Anleitung zum Aufbrechen alter Sehgewohnheiten liefert **Betty Edwards** in ihrem Buch: „Garantiert zeichnen lernen[65]." Sie lässt den Übenden blind zeichnen und stellt einen Stuhl auf den Kopf, sodass kein Abgleich mit bekannten Bildern stattfinden kann. Blind zeichnen bedeutet,

---

65 siehe: Betty Edwards: Garantiert zeichnen lernen 2014

während des Zeichnens nicht auf das Papier zu schauen. Der Stift gleitet intuitiv über das Papier, so wie ich das Objekt abtaste. Es gibt keinen Halt mehr. Man muss sich fallen lassen. Manch einer fühlt sich dabei verunsichert, denn wir sind es gewohnt, alles mit der linken, analytisch denkenden Gehirnhälfte zu kontrollieren. Hier geht es jedoch nicht. Man muss sich auf seine kreative, rechte Gehirnhälfte verlassen. Diese ist naturgemäß ganzheitlich, umfassend und bildhaft. Sie wird durch diese Übung geweckt. Diese Übung ist sicherlich ungewöhnlich. Sie zeigt jedoch einen anderen Weg als den, der oft in der Schule gegangen wird. Es ist das Gegenteil des Ausfüllens von Schablonen und vorgefertigten Mustern. Je öfter man diese Übungen wagt, desto mehr entwickelt sich das künstlerische Sehen.

Wir öffnen mehr die Augen in einer ungewohnten Umgebung. Daraus kann man ein Spiel machen. Es ist das bewusste Fahren neuer, unbekannter Wege. Wenn wir uns verfahren, sind wir viel aufmerksamer, als wenn wir auf bekannten Wegen fahren. Das kennt jeder. Ich wähle manchmal mit Absicht eine unbekannte Strecke, nur um zu schauen, was sie bei mir auslöst und welche neuen Perspektiven sie mir eröffnet. Immer gibt es dabei irgendetwas zu bestaunen. Alte Sehgewohnheiten helfen in diesem Moment nicht mehr. Eine gewisse Unsicherheit bringt mich in einen labilen Zustand, bei dem ich besonders offen werde für alles, was mir begegnet. So habe ich schon oft ein interessantes Geschäft gefunden, auf das ich sonst nie gestoßen wäre. Da ich mich auf das Verfahren bewusst eingelassen habe, bleibe ich offen für meine Umgebung, offener als wenn ich nur auf bekannten Wegen fahre. Ein Umzug gehört auch dazu. Es ist ein Graus, was Geborgenheit und Halt betrifft, da ich alles aufgeben muss und alles durcheinandergerät. Aber dann beginnt der Zauber des Neuen. Dinge werden demontiert, verpackt und neu ausgepackt. Am neuen Platz sieht alles anders aus, alles muss neu sortiert und geordnet werden. Überflüssiger Ballast wird entsorgt. Das öffnet die

Augen für das Wesentliche und schafft einen kreativen Raum. Was ist aufregender als die Neugestaltung einer Wohnung?

Man kann diese Erfahrungen vom kreativen Sehen auf alle Sinne übertragen. Hören ist nicht gleich Hören. Davon können Lehrer und Eltern gleichermaßen ein Lied singen. Auch hier gibt es Voreinstellungen, die ein offenes Hören verhindern. Da hinter jedem Satz eine Botschaft steht, die gehört werden möchte, ist es wichtig, mein Bedürfnis nach Korrektur zurückzustellen und warten zu können. Ich muss offen dafür sein, bis das Kind sich ausgedrückt hat. Vielleicht hat es eine wichtige Botschaft für mich, bei der ihm noch die Worte fehlen. Vielleicht hat es sogar etwas entdeckt, was mir verborgen blieb und weiß in dem Moment mehr als ich. Unser Sehsinn dominiert in unserer technisierten Welt unsere Sinneswahrnehmung. Dadurch treten die anderen Sinne zurück. Wenn wir ihn eine Zeitlang ausschalten und uns ganz aufs Hören konzentrieren, können wir Erstaunliches erleben.

Experiment

Setze dich an eine ruhige Stelle im Wald, schließe die Augen und achte auf alle Geräusche gleichzeitig. Lass dich sozusagen in die akustische Umwelt hineinfallen. Dann fokussiere dich: Nimm alles wahr, was weit weg ist. – Höre nun, was in deiner unmittelbaren Nähe ist. – Um das Hören noch mehr zu intensivieren, lokalisiere wie bei einer Uhr, woher das Geräusch kommt, z. B. Amsel auf 5 Uhr. Achte nun bei der Amsel auf den Rhythmus des Gesangs, wie lange dauert die Pause bis zur nächsten Phrase? Jetzt kannst du den Vogel besser heraushören und fokussieren. Zeichne nun innerlich eine Melodiespur, sobald du den Vogel hörst. Nimm das erste Bild, das dir kommt. Es ist nicht wichtig, wie die Spur aussieht. Es ist wichtig, dass du selbst innerlich Bilder kreierst. Der Vogel wird dadurch unglaublich lebendig und du fühlst dich vielleicht nach einer Weile wie eingebettet in die ganze Schöpfung.

Eine sehr entspannende Übung für den Abend! Das innerliche Nachzeichnen einer Melodiespur ist ein Weg, der einer Meditation mit offenen Sinnen nahekommt.

Man kann aber auch *innere Bilder* malen, wenn jemand von sich erzählt. Ich baue das Erzählte in einem inneren Bild zusammen. Auf diese Weise komme ich zu Fragen, um das Bild zu ergänzen. Dadurch wird das Zuhören immer aktiver, und mein Wunsch wird größer, noch mehr von ihm zu erfahren, um das Bild vollständig zu machen. Fixiere ich dadurch mein Gegenüber vielleicht zu sehr, so dass sich ein Vorurteil bildet? Ich denke nein, denn innere Bilder sind immer sehr beweglich und veränderbar. –

Die *gedanklichen* Urteile, die wir beim Zuhören fällen, verschließen dagegen den Zugang und fixieren den anderen bis hin zur Abwertung. Das aktive Zuhören über inneres Nachbilden ist in der Regel für den Befragten sehr motivierend, noch mehr von sich zu erzählen. Es öffnet.

Offene Spiele

Kinder lieben Spiele, und man könnte meinen, dass sie immer einen öffnenden Charakter haben. Bei näherer Betrachtung sind Spiele, insbesondere pädagogische Spiele, jedoch oft konvergent angelegt. Sie fördern oftmals eine zielgerichtete Intelligenz. Man kann leicht selbst untersuchen, wie viele Möglichkeiten ein Spiel bietet. Gibt es pro Aufgabe nur eine Lösung, so ist das Spiel konvergent angelegt. Gibt es viele Möglichkeiten, wird taktisches Geschick verlangt, eine gesteigerte Wahrnehmung oder Intuition, so fördert es die Divergenz bzw. kreatives Denken. Weniger ist oft mehr. Im Wald brauchen Kinder nur wenig Anregungen, um kreativ zu werden. Ganz von alleine bauen sie Hütten, klettern auf Bäume und versuchen, trockenen Fußes über einen Bach zu kommen. In der Natur gibt es viele divergente Spielsituationen, die alle Sinne und auch das offene Denken anregen (Näheres dazu siehe Anhang). Wie nebenbei werden sie auf diese Weise bestens auf schulische Fertigkeiten wie die Lesekompetenz vorbereitet (s. Kap. 1.3 Innere Bibliotheken).

Kreatives Denken auf Augenhöhe

Kinder bleiben passiv im Denken, wenn die Lehrperson sich als Wissender *über* die Kinder stellt. Sie fühlen sich aber auch unterlegen und fangen an, sich zu verschließen. Das passiert schon dadurch, dass Erwachsene oft *zu* Kindern sprechen, statt *mit* ihnen, wie der bekannte Erziehungsberater, Psychiater und Sozialtherapeut Rudolf Dreikurs beschreibt. Wir müssen jedoch *mit* ihnen sprechen, um sie aus ihren eigenen Gedanken herauszuholen. „Jedes Kind verfügt über eine eigene schöpferische Kraft und trifft seine eigenen Entscheidungen. Es hat seine eigene Logik und formt seine Persönlichkeit nach eigenem Gutdünken. Dies entbindet uns als Eltern nicht der Verpflichtung, die Kinder zu lenken und zu beeinflussen[66]." Natürlich gilt als erste Priorität für Lehrpersonen und Eltern: Wir bleiben die Chefs, das sollen die Kinder spüren, denn sie wollen von uns geführt werden und zu uns aufschauen. Sie wollen aber auch mit uns auf Augenhöhe sprechen. Verstehen wir ihr Denken und Handeln? Wie können wir ihnen einen Raum geben, in dem wir miteinander auf Augenhöhe kommunizieren?

Wir haben gesehen, dass es Fragen gibt, die die Antwort ganz auf die Lehrperson richten: „Wie nennt man das? Es fängt mit D an." Diese Fragen ermüden die Schüler zum einen, da sie konvergent sind. Zum anderen schaffen sie ein Gefälle zwischen dem Erwachsenen und dem Kind. Beides verschließt das kreative

---

66 „Kinder fordern uns heraus" R. Dreikurs und V. Soltz, 2002, S. 316

Potential im Kind. Kinder kreativ anzusprechen, löst manchmal die Sorge aus, ob sie dadurch zu unkontrolliert und wild werden. Ich komme auch in solche Situationen, bin aber immer wieder überrascht, wie leicht sie zu gewinnen sind, wenn wir mit ihnen auf Augenhöhe kommunizieren. Sie akzeptieren uns dann als Autorität. Sobald wir sie in Prozesse des Unterrichts mit einbeziehen, werden sie aufgeschlossen, innerlich rege und kreativ. Das geht ganz leicht, sobald man Kindern kleine Verantwortlichkeiten überträgt und ihnen damit signalisiert, dass man sie und ihre Kompetenzen ernst nimmt. Kinder lieben es auch sehr, wenn sie die Wahl haben. Ich lasse Kinder gerne zwischen zwei Angeboten wählen, die beide zum gewünschten pädagogischen Ziel führen. Sobald für Kinder das Gefühl von oben und unten entsteht, von Macht und Ohnmacht, fühlen sie sich unterlegen und minderwertig. Dann haben wir mit Widerstand, Rebellion oder mit Passivität zu rechnen. Es gibt auch Momente, in denen man ganz ruhige Phasen im Unterricht braucht. Die Frage ist nur, wie diese zu erreichen sind. Lasse ich die Kinder meine Überlegenheit spüren, habe ich sie leicht gegen mich aufgebracht. Ich habe es dagegen oft erlebt, wie fruchtbar es ist, auf Augenhöhe die Kinder in das Lernziel mit einzubeziehen, das ich als Lehrer mit ihnen erreichen möchte (siehe Kapitel 1.1, Von der Emotion getrieben).

Auf Augenhöhe fühlen sich Kinder, wenn sie beim Aussprechen ihrer Eindrücke von mir ernst genommen werden. Gerade in Mathe lasse ich Kinder daher ihre Gedanken zum Rechenvorgang oft lautieren, also laut aussprechen und selbst überprüfen, was sie gerade gerechnet haben. Es ist viel besser, wenn die Kinder selbst auf eine Lösung kommen, statt die Lösung von Eltern oder Lehrpersonen präsentiert zu bekommen. Sie denken dann: „Sie vertraut auf mich, also strenge ich mich an." Damit bleiben wir auf Augenhöhe. Gleichzeitig wird der Rechenvorgang dem Kind viel eher bewusst, wenn es ihn selbst aussprechen und aufschreiben lernt. Jede Art von offenem Unterricht bezieht die Selbstverantwortung der Schülerinnen und Schüler mit ein. Dazu müssen sie aber erst lernen, sich selbst zu steuern. „Selber beim Lernen aktiv zu sein ist gut, selbst über sein Lernen zu bestimmen, ist am besten", wissen Pädagoginnen.[67] Der offene Unterricht lebt von offenen Lernumgebungen, die zum Entdecken einladen. Schülerinnen und Schüler werden in die Lernziele mit einbezogen, sie dürfen ihre Wünsche einbringen und arbeiten nach unterschiedlichen Lernzeiten. Lernumgebungen, die das selbstgesteuerte Lernen fördern, werden eher offen statt geschlossen sein. Während geschlossene Lernumgebungen den Stoff hierarchisch gliedern, Informationen im schrittweisen Nacheinander präsentieren, eine enge Zeitstruktur haben, einem traditionellen Ablaufschema folgen und von der direkten Führung der Lehrkraft abhängen, haben offene Lernumgebungen eine explorative Struktur, der Stoff ist flacher gegliedert, der Zeitrahmen flexibler, die Reihenfolge der Lernhandlungen und die Bemessung der Lernzeiten werden stärker den Lernenden selbst überlassen. (ebd. S. 8)

Kapitel 2.10
Kompetenz durch Kreativität

Die Kompetenzentwicklung steht heute mit dem Lehrplan 21 im Mittelpunkt. Kinder sollen langfristig für das Leben lernen und nicht in erster Linie für die Lernkontrollen und einen guten Abschluss. Sie sollen nachhaltig auf das Leben vorbereitet werden. Das ist ein guter Ansatz, denn es ersetzt das alte Lernen, bei dem Kinder nur für die Lernkontrollen und die Abschlussprüfungen lernen und danach vieles wieder vergessen. So können sie gute Prüfungen schreiben und werden dennoch

---

67 Pädagogik 5/03 „Selbstgesteuertes Lernen der Schüler – Fahren ohne Führerschein?" S. 7 und 8

schlecht auf das Leben vorbereitet, wenn sie nur für die Prüfung gelernt haben. Die Entwicklung von Kompetenzen steht ganz im Vordergrund, jedoch nicht die Kreativität. Dabei ist sie doch eine Schlüsselkompetenz, wie wir eingangs gesehen haben. Sollte sie nicht daher an erster Stelle aller pädagogischen Überlegungen stehen?

Besondere Kinder fördern

Kinder mit Lernschwierigkeiten und emotionalen Beeinträchtigungen leiden oft an dem Gefühl, nicht die Kompetenzen zu haben, die in der Schule erwartet werden. Sie fühlen sich daher schnell als Außenseiter. Gerade für sie ist die Schlüsselkompetenz Kreativität von größter Bedeutung, da sie alle Kinder gleichermaßen einlädt, ohne Leistungsdruck in das Unterrichtsthema einzusteigen. Diese Kinder brauchen einerseits eine stärkere Führung, die ihnen mehr Halt und Orientierung gibt als anderen Kindern. Andererseits brauchen sie kreative und offene Lernangebote, die ihnen neue Erfahrungen ermöglichen, bei denen sie aktiv werden können. Kinder stören ja, wie wir gesehen haben, weil sie aus der Balance gefallen sind. Sie müssen folglich diese erst wieder neu finden. Das trifft besonders auf Kinder mit Lernschwierigkeiten zu. Schauen wir uns daher die Problematik aus der Perspektive des offenen und verschlossenen Seins an. Kinder mit Lernschwierigkeiten und emotionalen Beeinträchtigungen haben meiner Erfahrung nach einerseits Probleme durch Blockierungen, die man den Closern zuordnen könnte. Sie sind **zu verschlossen** gegenüber anderen Menschen durch

- zu frühes und ungünstiges Schließen und daraus folgenden Glaubenssätzen
- Festhalten an falschen inneren Bildern
- Festhalten an Projektionen auf andere Kinder und Lehrpersonen
- Einkapselungen durch traumatische Verletzungen

Andererseits sind sie oft unkonzentriert und ablenkbar, also **zu offen** für ihre Umgebung, zu offen auch für ihre inneren Bilder, die sie regelmäßig überfluten. Die möglichen Gründe dafür sind vielseitig. Sie werden sicherlich dadurch verstärkt, dass diese Kinder oft Probleme durch einen Minderwert und ein fehlendes Selbstvertrauen haben:

- Durch fehlende sichere Bindungen stürzen sie sich in Beziehungen, die leicht zu Konflikten führen.
- Durch fehlende Erfolgserlebnisse, fehlende positive Erfahrungen mit Menschen und Lernsituationen reagieren sie leicht über bei Kritik.

Bei den Geschichten mit Kindern in der Schule wurde deutlich, dass Öffnen und Schließen eine zentrale Rolle bei ihrer Förderung spielen. Ein kreatives, unkonventionelles Vorgehen bei Problemen kann diese am besten lösen. Diese Kinder haben oft zu wenig Halt, Sicherheit und Ermutigung erfahren. Sie müssen erst wieder lernen, in die Balance zu finden. Sie müssen lernen, neues Vertrauen zu gewinnen. Dabei ist immer viel Einsatz von Kreativität nötig. Als Heilpädagoge muss ich daher oft spontan, flexibel und kreativ handeln. Ich muss als ganzheitlicher Mensch auf allen Ebenen präsent sein.

TIPPs bei Kindern mit Lernschwierigkeiten

- Offene Lernsituationen sind für Kinder mit Lernschwierigkeiten einladend. Sie wollen die Wahl haben und Dinge ausprobieren können. Das stärkt ihre Selbstwirksamkeit. Geben wir ihnen daher immer wieder Möglichkeiten, sich auszuprobieren. Lassen wir sie Dinge in die Hand nehmen und sinnliche Erfahrungen sammeln.
- Nehmen wir ihre Bedürfnisse besonders ernst. Sie assoziieren bei unerfüllten Bedürfnissen oft ein hohes Stressmoment, da sie damit existenzielle Erfahrungen von Not gemacht haben.

- Kinder mit Lernschwierigkeiten brauchen eine enge Führung. Statt vielen Lösungsansätzen gibt es ihnen mehr Halt, bei einem Lösungsweg zu bleiben und dafür viel Zeit zu bekommen, mit diesem Lösungsansatz zu üben.
- Nutzen wir auch vielfältige Möglichkeiten außerhalb der Schule, um unseren Kindern positive Erfahrungen und Erfolgserlebnisse zu ermöglichen! Sie werden dadurch gestärkt und mit neuem Selbstbewusstsein in die Schule gehen.
- Geben wir unseren Kindern Ermutigung durch unsere eigene Zuversicht in ihre Entwicklung. Sie haben es meist viel schwerer als andere Kinder, Frustration auszuhalten. Sie brauchen daher länger, ihre Geduldsspanne auszudehnen.

TEIL 3

BLICK VORAUS

Kapitel 3.1
Besorgte Eltern

Die Kinder haben ihre Zukunft noch weit vor sich liegen. Alles scheint weit weg zu sein, auch die Arbeitswelt. So erleben es die Kinder aus ihrer Perspektive. Sie möchten Zeit haben, um zu spielen und die Welt zu entdecken. Dafür bringen sie viel Begeisterung mit, denn sie spüren instinktiv, dass sie im Spiel ihrer Lebensspur, ihrer Leitlinie folgen (s. Kapitel 2.4 Bedürfnisse ausbalancieren).

Bei den Eltern ist es oft ganz anders. Der Blick besorgter Eltern geht schon in den unteren Klassenstufen weit hinaus in die Zeit des Berufslebens. Das beginnt oft schon in der 4. Klasse. Es ist sicher von einiger Bedeutung, frühzeitig zu wissen, wie die Berufswelt tickt, um sich darauf vorbereiten zu können. Es ist aber auch wichtig zu wissen, welchen Stellenwert Kreativität in der Wirtschaft hat. Viele Eltern bereiten ihren Kindern Stress mit ihrer Angst, später keinen interessanten Beruf zu finden. Sie gehen davon aus, dass ein strammer Gang durch die Primarschule die beste Voraussetzung für ein erfolgreiches Berufsleben ist. Die Folge ist, dass ihre Kinder weniger draußen spielen, viel Nachhilfe bekommen, wenn der Notenschnitt nicht gut ist und dass sie sich schon in jungen Jahren sehr gestresst fühlen. Sie können regelrecht die Lust am Lernen verlieren. Zum Ausgleich bekommen sie ein Smartphone, werden passiv und versinken damit ganz in innere Welten.

Ich bin selbst Vater und kenne diese Nöte. Ich möchte jedoch ein anderes Bild von Kindheit entwerfen. Vielleicht geht es Ihnen auch so wie mir. In diesem Bild spielt die Kreativität eine entscheidende Rolle. In meiner Erinnerung waren die schönsten Momente mit meinen Kindern diejenigen, in denen wir viel Zeit hatten, um gemeinsam kreativ zu sein: Durch den Wald streifen und eine Burg erstürmen, ein Rollenspiel zusammen einüben, die Welt zusammen entdecken. Oder ihnen einfach nur beim Spiel zuschauen. In diesen Momenten können Kinder zeigen, was in ihnen steckt: pure Schöpferkraft. Es ist wunderbar zu sehen, wie sie in diesen Momenten ganz in ihrem Element sind und sein dürfen. Niemand wird sie reglementieren, wenn sie sich in ihre Spielwelt vertiefen, experimentieren und Neues entdecken. Selbst wenn sie wild werden und Ungewöhnliches ausprobieren wollen, lassen wir es zu, solange es ein konstruktives Spiel ist.

Kapitel 3.2
Eine Schlüsselkompetenz

Die Wissenschaft gibt unserem Gefühl Recht: Bei einer Talkrunde am 26.9.2018 im Dreikönigenhaus des ISSO-Instituts in Koblenz waren sich die Fachleute einig, dass **Kreativität eine Schlüsselkompetenz der Zukunft** ist. Eingeladen hatte die Hochschule Koblenz. Im Podium waren Vertreter von Sozial- und Wirtschaftswissenschaften über Ingenieurwissenschaften bis hin zur Kunst. Trendforscher Matthias Horx referierte, warum Kreativität für Innovationen in Unternehmen so wichtig ist. Es wurde auch darauf hingewiesen, dass Kleinkinder eine besonders hohe Kreativität besitzen, die im Laufe des Lebens enorm abnehme. Daher sei es Aufgabe des Bildungssystems, der Kreativität wieder mehr Raum zu geben.[68] Dieser Aussage schließt sich auch die *Deutsche Gesellschaft für Kreativität* in ihren 12 Thesen an und fügt hinzu: „Kreativität hilft uns in allen Bereichen: im Beruf, im künstlerischen Bereich

---

68 idw-online.de-news698993, 5.7.2018

und im Privatleben. Sie ist die Quelle aller Innovationen; sie trägt wesentlich zu Wohlstand und Lebensqualität bei[69]." Der ISSO- Gründer Martin Görlitz wies bei der Talkrunde auch auf den Nachhaltigkeitsgedanken und die globale Bedeutung von Kreativität hin: „Alle Probleme, die wir aktuell auf dem Globus haben, sind von Menschen gemacht. Wir können Kreativität einsetzen, um diese Probleme wieder aus der Welt zu schaffen und so die Umwelt zu retten." (s. o.)

Erwartungen an die Schule

Aus diesen Aussagen wird deutlich, dass *Kreativität wie ein Prinzip* alle Fächer der Schule durchdringen sollte.

Viele Wirtschaftsunternehmen sehen die Schulen in der Pflicht, mehr Kreativität im Unterricht zu wagen. Eine Studie von Adobe, die auf der Bildungsmesse in Hannover 2018 vorgestellt wurde, sieht gerade in der digitalen Berufswelt Kreativität als Schlüsselkompetenz, um bessere Chancen auf dem Arbeitsmarkt zu haben. Kreative Handlungsfelder, in denen es darauf ankommt, neue Herausforderungen kreativ zu lösen, werden auch in der Zukunft nicht von der Automatisation durch künstliche Intelligenz ersetzt werden. Die Schule sei aber darauf nicht vorbereitet. „Nur 10% der Lehrerinnen und 16% der Entscheidungsträgerinnen in Behörden und Politik sind der Auffassung, dass Kreativität eine häufige Rolle in den Lehrplänen spielt." Eine überwältigende Mehrheit von Lehrerinnen und Bildungsexpertinnen fordert, dass Kreativität in allen, statt nur in einigen wenigen Unterrichtsfächern gefördert werden sollte.[70]

---

69 kreativ-sein.org/ueber-uns/thesen/

70 adobe-newsroom.de/2018/02/19/adobe-studie-kreative-problemloesungskompetenz

Wer mag angesichts dieser Aussagen noch bezweifeln, dass Kreativität in der Pädagogik unserer Kinder und im gesamten gesellschaftlichen Leben eine bedeutende Rolle spielt? Die Wirklichkeit im gesellschaftlichen Leben sieht jedoch anders aus. Sobald uns etwas bedroht oder bedrohlich erscheint wie bei Corona, vergessen wir alle Möglichkeiten, kreativ zu handeln. In bedrohlichen Situationen wird oft eingleisig vorgegangen. Dann kreisen alle Gedanken um meine Angst, meinen Glauben, mich schützen zu müssen. Wenn Kreativität jedoch die aktuellen Probleme unserer Zeit lösen soll, darf Angst nicht unser Ratgeber sein (s. 2.1). Angst verschließt uns und ist daher nicht kreativ. Alles, was wir lösen wollen, muss folglich mit dem Gegenteil verbunden sein, also mit Liebe, genauer gesagt: mit einer Liebe, die immer das Ganze bei einem Problem sieht, denn nur in diesem Bereich lebt ein umfassendes Problembewusstsein. Die Probleme dieser Welt hängen alle eng miteinander zusammen. Man denke nur an den „Overshoot Day", der jedes Jahr früher einsetzt.[71] Er beschreibt, dass wir weit über unsere Verhältnisse leben und den Planeten regelrecht plündern, so als hätten wir noch einen zweiten als Reserve in der Tasche. Noch nie wurde es der Menschheit so bewusst, dass unser Konsum- und Umweltverhalten Auswirkungen hat für den ganzen Planeten.

Die Aussage aus der Wirtschaft gegenüber der Kreativität hat mich überrascht. Sie bietet Lösungen an für alle Probleme unseres Lebens und ist eine Quelle für Wohlstand und Lebensqualität. Wie sieht es mit der Kreativität bei uns aus?

Vielleicht geht es Ihnen auch so: Wir verlieren die Kreativität in der Hektik des Alltags mit seinen Herausforderungen schneller, als es uns lieb ist. Wir vergessen auch ihre tiefere Bedeutung, wenn wir uns mit ihr als Randerscheinung begnügen,

---

71 fortomorrow.eu/de/post/earth-overshoot-day?mtm_
campaign=google-ads-overshoot-day&gclid=Cj0KCQjw06-
oBhC6ARIsA

die uns zerstreut und uns nur unsere Freizeit verschönern soll. Am Tag erledige ich meine Arbeit, und am Abend werde ich kreativ. Das ist eine Verschleuderung der eigenen Ressourcen angesichts der Aussagen der Fachleute zur Schlüsselkompetenz, dass Kreativität in alle Bereiche des Lebens gehört. Kreativität ist anregend und erfrischend, unabhängig von der Qualität eines Produkts. Sie macht den Umgang mit Problemen lebendig und schafft Lösungen für alle Beteiligten.

Eine Voraussetzung, um zu erkennen, ob wir uns auf einem kreativen Weg befinden oder nicht, ist die Wahrnehmung des **offenen oder verschlossenen Seins**. Oft können wir in unseren Gedanken und Handlungen sehr eingleisig werden, selbst wenn wir vermeintlich Gutes tun. Dann befinden wir uns im verschlossenen Sein. Das verschlossene Sein kann uns in einer begrenzten Denkweise gefangen halten und uns daran hindern, neue Ideen und Perspektiven zu entdecken. Das offene Sein ist der wichtige Aspekt im kreativen Prozess, der uns hilft, neue Wege und Möglichkeiten zu entdecken und unsere Gedanken zu erweitern. Es ist daher von Bedeutung, dass wir uns bewusst machen, wann wir uns öffnen und wann wir uns verschließen. In Momenten, in denen wir uns verschlossen und eingeschränkt fühlen, sollten wir bewusst unsere Gedanken überprüfen. Wenn sie uns beschränken, sollten wir uns wieder öffnen. Wenn wir uns offen und inspiriert fühlen, können wir diese Momente nutzen, um kreativ zu sein und neue Handlungsmöglichkeiten zu entdecken. Die Momente des offenen oder verschlossenen Seins sind in jedem Moment unseres Alltags präsent und beeinflussen all unsere Gedanken und Handlungen.

Kapitel 3.3
Zwei Bewegungen

Wie wir gesehen haben, gibt es immer zwei Bewegungen, hin zum Öffnen oder hin zum Schließen, die jeder bei sich beobachten kann. Die Probleme unserer Zeit beginnen, sobald Menschen auf einem Pol stehen bleiben. Unbeweglichkeit und Verhärtung auf der einen und Zerstreuung und Ablenkung auf der anderen Seite stehen sich gegenüber. Ich möchte, um dies zu verdeutlichen, den Blick kurz auf unseren Alltag lenken.

Verschlossene Türen, offene Türen – wir kennen diese Ausdrucksweise aus dem Alltag. „Bei mir rennst du offene Türen ein", oder „Sie ist ganz offen dafür", beispielsweise. Wir kennen den Verschluss in sehr bedrückender Weise aus der Corona Zeit, in der mehr Verschlossenheit und Enge unser Leben prägten. Wir kennen die Offenheit aus Situationen, in denen wir frei wählen und die Welt entdecken können, aber auch aus der Begegnung mit Menschen, mit denen wir anregende Gespräche führen können, weil das gegenseitige Interesse groß ist.

Offen oder verschlossen zu sein hat eine große Auswirkung auf unser Leben. Dabei möchte ich ihnen keine Wertung beimischen. Wir brauchen beides, zur richtigen Zeit und am richtigen Ort.

In diesen bewegten, von Angst besetzten Zeiten braucht es sicherlich wieder mehr Bereitschaft, sich in der Kommunikation Andersdenkenden gegenüber zu öffnen. Es braucht aber auch die richtige Entscheidung, nicht allem sich gegenüber zu öffnen, was in dieser reizüberfluteten Zeit auf uns hereinstürmt. Vor lauter Offenheit können wir uns in der Vielfalt der Angebote verlieren. Es ist auch nicht ratsam, alles auszuprobieren, was käuflich ist. Mir sagte mal jemand: „Fremd gehen ist wie Essen gehen. Die Welt ist wie ein gedeckter Tisch." Es scheinen sich gerade alle Werte aufzulösen. Angesichts der hohen Scheidungsrate und der Folgen für die Kinder ist dies sicherlich keine hilfreiche Einstellung. Andererseits ist das Wunderbare in dieser Welt, dass sie so ungeheure Möglichkeiten bereithält. Es gibt keine Notwendigkeit mehr wie früher, in seinem Dorf zu bleiben, den Beruf des Vaters zu übernehmen oder sich eine Einheitsmeinung anzueignen, um Akzeptanz zu erreichen. Beweglichkeit, Flexibilität verlangt unsere Zeit, im Berufsleben ebenso wie bei der Wahl des Wohnortes. Wir leben in einer Multikulti-Welt, die sich aufzulösen scheint und Angst machen kann. Die Vielfalt kann andererseits auch als belebend und anregend empfunden werden. Noch nie war Wissen und Vernetzung in dieser umfassenden Vielfalt für jeden Menschen zugänglich. Man kann einen passenden Partner über das Internet finden. Man kann aber auch durch das Internet pornosüchtig werden. Offenheit wird hier besonders stark zu einem Problem, wenn man bedenkt, dass Kinder durchschnittlich bereits im Alter von 11 Jahren mit Pornos in Kontakt kommen.[72] Medien haben einen immer größeren Einfluss auf unser Leben und auf den Lehrplan in den Schulen. iPads werden bereits im Kindergarten eingeführt. Die Digitalisierung drängt von allen Seiten mit ungeheurem Tempo in unser Leben und jeder, der fortschrittlich sein möchte, muss sich sputen, um den Anschluss nicht zu verlieren. Die Schnelligkeit betrifft auch andere Bereiche des Lebens. Mit großer Schnelligkeit wurden neue Impfstoffe entwickelt. Es kommt mir so vor, als ob unser Leben immer mehr Tempo bekommt und dass dabei die Ruhe verloren geht, sich umfassend mit den Folgen all dieser Entwicklungen zu beschäftigen. Wem gelingt es, bei diesen medialen Herausforderungen noch die Mitte zwischen gesundem Öffnen und Schließen zu finden? Wie schaffen wir es, eine kreative Medienkompetenz zu entwickeln, die nicht in die digitale Einseitigkeit führt? Ein ruhiges Prüfen dieser Entwicklung mit kreativer Muße ist jedenfalls bei einem zu hohen Tempo unmöglich. Die Folge ist: Wir haben keine Zeit mehr, alles gründlich zu prüfen, bevor wir uns entscheiden. Folglich werden wir ungeduldig, was bei brennenden Gesellschaftsthemen

---

72 tk.de: zehn nackte tatsachen

wie Corona wiederum zu mehr Verschlossenheit und Härte in der öffentlichen Diskussion und zu voreiligen Entscheidungen geführt hat. Kreativität bleibt dabei auf der Strecke.

Kapitel 3.4
Welche Bedeutung hat Kreativität in der Wirtschaft und im öffentlichen Leben?

Design thinking, Bauhaus

Kreativität ist in der Wirtschaftswelt längst angekommen. „In vielen Unternehmen und Organisationen haben Führungskräfte erkannt, dass die Einführung noch besserer Methoden zur Steigerung der Effizienz kein geeigneter Weg ist, um die Kreativität, das Engagement und die Leistungsbereitschaft ihrer Mitarbeiter zu erhalten oder gar zu wecken[73]." In seiner Akademie für Potentialentfaltung stellt der Neurobiologe Gerald Hüther Unternehmen vor, die das Potential ihrer Mitarbeiter fördern, indem sie größtmögliche Freiräume sowie optimale Möglichkeiten und Anregungen für ihre individuelle Entwicklung bieten.[74] Wenn eine Firma ein innovatives Produkt entwickeln möchte, ist sie gut beraten, in einen kreativen Prozess mit allen Beteiligten zu gehen. Das ist in unserer digitalen Welt mit dem enormen Wettbewerb längst Standard geworden. Es werden vielerorts Firmen-Trainings angeboten, die Firmen auf dem internationalen Markt helfen sollen, sich zu behaupten. Grundlage dieses Trainings ist das sogenannte **Design Thinking**, das seit 1991 von Informatikern und Designern entwickelt wurde und mittlerweile als Masterstudiengang an namhaften Universitäten wie Harvard und Stanford studiert

---

73 siehe unter: gerald-huether.de
74 akademiefuerpotentialentfaltung.org/anliegen/

werden kann.[75] Design Thinking ist ein besonderes Studium. Interessant ist, dass hier am Anfang des Prozesses nicht eine Vorgabe, sondern das Problem selbst steht. Hierarchie wird vermieden. Stattdessen versammelt man Teilnehmer aus den verschiedensten Fachrichtungen, die gleichberechtigt in einen kreativen Austausch gehen. Im Design Thinking Prozess steht das Problem aus Sicht des Kunden am Anfang des kreativen Prozesses und man startet mit einem „Beginners Mind". Das ist eine Haltung, in der man nichts weiß (ebd.). Dadurch findet die Öffnung statt, die oben im kreativen Prozess beschrieben wurde. Die Chance auf ein zukunftstaugliches Projekt, das alle Beteiligten zufrieden stellt, ist so am größten.

Das Konzept geht ursprünglich auf **Walter Gropius** zurück, den Begründer des Bauhauses. Er versammelte in den 1920er-Jahren Vertreter verschiedener kreativer Disziplinen wie Künstler, Architekten und Bildhauer, um neue Konzepte beim Hausbau zu entwickeln. „Es gibt keinen Wesensunterschied zwischen dem Künstler und dem Handwerker", hatte Walter Gropius im Bauhaus-Manifest erklärt.[76] Er ging davon aus, dass die unterschiedlichen Sichtweisen zu ganz neuen Ideen führen, wenn man auf Augenhöhe miteinander in einen kreativen Prozess geht. Daraus kann man schließen, dass Gropius in der Architektur die **Schönheit** neben der **Funktion** in den kreativen Austausch mit einbezog. Er hebt sich damit vom reinen Funktionsdenken eines Louis H. Sullivan ab, der unsere Architektur bis in unsere Zeit prägt und erklärte, dass die Form in der Architektur *immer* dem Zweck folgen müsse, „form follows function".[77] Gropius dagegen erklärte die Bedeutung der Schönheit in der Architektur: „Nur vollkommene Harmonie in der technischen Zweck-Funktion,

75 digitaleneuordnung.de/blog/design-thinking-methode/
76 goethe.de/prj/hum/de/dos/bau/21394277.html
77 smow.de/blog/2014/03/smow-blog-designkalender-1-marz-1896-
   %E2%80%93-louis-h-sullivan-pragt-den-ausdruck-form-folgt-funktion

sowohl in den Proportionen wie in den Formen, kann Schönheit hervorbringen. Und das macht unsere Aufgabe so vielseitig und kompliziert[78]." Gropius legte mit dem Bauhaus-Manifest die Grundlage für eine innovative, kreative Unternehmenskultur.

Einbeziehung der Bürgerinnen und Bürger in die Forschung

Die Wirtschaft wird stark von der Forschung bestimmt. Offenheit in der Forschung ist daher ebenso wichtig, denn Wissen entwickelt sich ständig weiter. Wie der Name schon sagt: Wissenschaftler sollen Wissen schaffen, nicht zementieren. Wissenschaftliches Wissen befindet sich in ständiger Evolution. In immer kürzerer Zeit verändert sich der Wissensstand in unserer Zeit. Es ist ein tätiger, dauernder Prozess, keine statische Angelegenheit. Wenn ich von einem absoluten Wissensstand ausgehe, verpasse ich in unserer schnell sich entwickelnden Zeit jede Erneuerung. Wenn Menschen von einer fixen wissenschaftlichen Wahrheit ausgehen, verhindern sie Entwicklung. Dabei möchten alle Menschen teilhaben am gesellschaftlichen Leben und an den Entscheidungen, die sie selbst angehen. Verschiedene wissenschaftliche Fakultäten haben das bereits erkannt und setzen auf die Einbeziehung der normalen Bürger. **Citizen Science** ist eine Bewegung, bei der Bürger ohne hoch qualifizierten Abschluss aufgerufen werden, an der Entwicklung innerhalb der Forschung durch eigene Aktivität teilzuhaben und diese so mitzuprägen. Es ist mittlerweile ein Erfolgsmodell.[79] (Siehe auch auf politischer Ebene der *Bürgerrat*, bei dem zufällig ausgewählte Bürger an politischen Entscheidungen mitwirken können.)

---

78 beruhmte-zitate.de/zitate/1976186-walter-gropius-nur-vollkommene-harmonie-in-der-technischen-zweck/
79 buergerschaffenwissen.
de/?gclid=CjwKCAjwyqWkBhBMEiwAp2yUFq4YvQt_YXfYHHcC5EgocLqc38Ltf__t_mt_s2vY0YkL82

Kapitel 3.5
Ausblick: Die Rolle der Schule

Wir haben nun gesehen, dass von vielen Seiten die Erwartung an die Schule geht, mehr Kreativität zu wagen: von der Wissenschaft, von Bildungsträgern und von der Wirtschaft. Wie sieht es bei uns selbst aus? Alle Erwachsenen waren einmal Kinder, die zur Schule gingen. Das kann man leicht vergessen, wenn man in der Routine des Erziehers oder Lehrers hängen bleibt. Ich frage mich manchmal in einer ruhigen Minute, wenn Kinder wieder ungewöhnlich handeln, nach zwei Dingen: 1. Kann ich mich noch einfühlen in meine eigene vergangene Schulzeit? Das weckt mein Verständnis gegenüber den Kindern. 2. Kann ich den Blick nach vorne richten? Unsere Kinder werden eines Tages groß sein. Vielleicht übertrumpfen sie uns mit ihrem Wissen und Können. Das darf uns nicht stören. Auf jeden Fall ist es gut, den Blick auch in die Zukunft richten. Dann frage ich mich, welches Wissen meines Unterrichts für ihre Zukunft nützlich ist.

Die Schule ist eine **Zukunftswerkstatt**. Es wird viel über die Schule geschimpft, aber sie scheint doch auch positive Inhalte zu vermitteln. Anders ist nicht zu erklären, dass es ein hohes Umweltbewusstsein in der Bevölkerung gibt. Die Schule hat die Vorarbeit geleistet, dass dieses Bewusstsein unsere Gesellschaft prägt. Das hat wiederum Auswirkungen auf die Wirtschaft. Es ist mittlerweile Normalität, die Trends und Meinungen der Bürgerinnen zu Fragen der Nachhaltigkeit und Umweltverträglichkeit mit einzubeziehen. Fair Trade, umweltverträgliche Verpackungen, ökologischer Anbau setzen sich immer mehr durch, weil die Bürgerinnen ein Bewusstsein dafür entwickelt haben, was der Erde gut tut und was nicht. Offenheit bei gesellschaftlichen Entscheidungen geht in die gleiche Richtung. So bezieht die Schweiz alle Bürgerinnen per Volksentscheid mit ein, wenn es um gesellschaftsrelevante Entscheidungen geht. Dadurch entsteht ein gesellschaftlicher Dialog. Es entsteht Identifikation mit der Entwicklung des eigenen Landes und eine Kraft, diese auch durchzutragen. Offenheit bei gesellschaftlichen Entscheidungen macht die Bürger mündig. Das ist entwicklungs- und gemeinschaftsfördernd.

Die Schule stand immer der Kreativität positiv gegenüber, denn es ist leicht einzusehen, dass Kreativität eine Vielzahl positiver Auswirkungen auf die kognitive, emotionale, soziale und psychomotorische Entwicklung von Kindern hat. Hier sind einige der Hauptwirkungen:

- Kognitive Entwicklung: Kreativität fördert das kritische Denken, die Problemlösungsfähigkeiten und die Flexibilität im Denken. Kinder, die in einer kreativen Umgebung aufwachsen, lernen verschiedene Blickwinkel zu betrachten, alternative Lösungen zu finden und innovative Ansätze zu entwickeln.
- Emotionale Entwicklung: Kreativität ermöglicht es Kindern, ihre Emotionen auszudrücken und zu verarbeiten. Das Schaffen von Kunstwerken oder das Ausprobieren neuer Ideen kann ihnen helfen, ihre Gefühle auszudrücken, Selbstvertrauen aufzubauen und Stress abzubauen.
- Selbstausdruck und Identitätsbildung: Kreativität gibt Kindern die Möglichkeit, ihre Persönlichkeit, Interessen und Vorlieben auszudrücken. Dies trägt zur Entwicklung einer starken Identität und eines positiven Selbstkonzepts bei.
- Motorische Fähigkeiten: Kreative Aktivitäten wie Malen, Basteln und Musizieren fördern die Feinmotorik und die Hand-Auge-Koordination von Kindern. Dies ist besonders wichtig in den frühen Entwicklungsstadien.
- Soziale Fähigkeiten: Kreativität kann kooperatives Spielen und gemeinsame kreative Projekte fördern. Dies kann die sozialen Fähigkeiten der Kinder stärken, da sie lernen, Ideen auszutauschen, zusammenzuarbeiten und sich in einer Gruppe auszudrücken.
- Vorstellungskraft und Neugier: Kreativität fördert die Vorstellungskraft und die Neugier der Kinder. Sie ermutigt sie,

die Welt um sie herum zu erkunden, Fragen zu stellen und neue Möglichkeiten zu entdecken.

- Lösung von Konflikten: Kreative Aktivitäten können Kindern helfen, Konflikte auf konstruktive Weise zu lösen. Indem sie lernen, kreative Lösungsansätze zu finden, können sie auch in zwischenmenschlichen Situationen flexibler denken.
- Lernen durch Spaß: Kreativität macht das Lernen für Kinder unterhaltsamer und ansprechender. Sie sind eher motiviert, wenn sie ihre Lernprozesse mit kreativen Aktivitäten verknüpfen können.

Schlussfolgerung für die Schule und das Elternhaus: Insgesamt trägt Kreativität dazu bei, vielfältige Aspekte der kindlichen Entwicklung zu fördern. Es ist wichtig, Kindern Raum zu geben, ihre kreativen Fähigkeiten auszuleben, sei es durch Kunst, Musik, Spiel oder andere kreative Tätigkeiten. Dies ermöglicht es ihnen, ihre Individualität auszudrücken und ihre Fähigkeiten auf verschiedene Weisen zu entwickeln. Kreativität gehört jedoch als *Prinzip* in die Erziehung und in alle Schulfächer hinein, damit ein kreatives Fluidum entsteht, das sich bei allen Beteiligten einspielt. Es ist der Nährboden für kreative Lösungen, auch außerhalb der kreativen Unterrichtsfächer. Dieses Fluidum ist geprägt von Liebe und Wertschätzung gegenüber dem Kind.

Nebengedanke

Woran erinnern wir uns gerne, wenn wir an unsere Schulzeit denken? Was hat uns am besten für unser Leben vorbereitet? Mir fallen dabei sofort Lehrpersonen ein, die an mich geglaubt haben, die mich in Krisen ermutigt, mich mit guten Ratschlägen begleitet und meine kreativen Potentiale gefördert haben. Wenn die Beziehung in der Kernfamilie geschwächt ist, sind Kinder mehr auf Kontakte zu wohlwollenden Lehrpersonen und außerschulischen Mentoren angewiesen.

Fokus und Fantasie

In Elternhaus und Schule beginnt die Prägung der Gesellschaft. In der Schule werden Weichen gestellt, je nachdem, ob wir Offenheit und Kreativität miteinander pflegen oder uns nur auf den Lehrplan und die Durchsetzung unserer vorgegebenen Ziele fokussieren. Enge Zielorientierung wird im Allgemeinen wertgeschätzt. In der Schule ist es von Vorteil für den Aufstieg, wenn sich ein Kind intellektuell gut fokussieren und die erwartete Antwort liefern kann. Gute eigene Leistungen werden höher eingestuft als Teamarbeit. Geradlinigkeit scheint besser zu sein als Umwege zu gehen. Schnelligkeit rangiert höher, als sich Zeit zu lassen. Wem ist es bewusst, dass wir uns mit dieser Zielorientierung abschließen gegenüber kreativen Prozessen? Kreative Prozesse brauchen Muße. Sie kommt heutzutage eindeutig zu kurz. Für Kinder, die zu Ablenkbarkeit und Unruhe neigen, gibt es in der Regel eine sonderpädagogische Förderung, um ihre Fokussierbarkeit zu stärken. Das ist bis zu einem gewissen Grad nötig, da sie sich aufgrund ihrer Unorganisiertheit oft selbst im Weg stehen und sich nicht entwickeln können. Aber was bieten wir diesen Kindern an, wenn sie offensichtlich viel mehr im *Umraum* als im *Fokus* leben? Schätzen wir ihre Umraumorientierung? Diese Kinder haben möglicherweise eine Kompetenz, die sich durch einen stark kontrollierten Unterricht nicht entwickeln kann. Kinder, die mehr im Umraum leben, nehmen Dinge wahr, die von entscheidender Bedeutung sein können. Ein Kollege von mir erzählte kürzlich eine Geschichte von einem „Träumer", der im Unterricht scheinbar nichts verstand. Bei einem Aufenthalt im Schwimmbad wurde er jedoch zum Helden.

Als er auf dem Sprungturm stand, sah er, was kein Lehrer in dem Moment sah: Ein Schüler, der nicht schwimmen konnte, rutschte plötzlich in das tiefe Becken und verschwand. Ohne zu zögern sprang er hinterher und holte diesen Schüler vom Grund wieder an die Oberfläche. Ohne seine Hilfe wäre dieser womöglich ertrunken.

Wenn diese Kinder lernen, ihre innere Unruhe in kreative Bahnen zu lenken, könnten fokussierte und „defokussierte" Kinder im Team sich vielleicht sogar produktiv ergänzen.

Fokussiertheit sollte nicht das einzige Ziel in der Schule sein. Wir erinnern uns an den Ausspruch von Gerald Hüther über die Fokussiertheit in der Schule: „Durch das Spiel können sich im Gehirn möglichst viele Netzwerke miteinander verbinden, die sonst, im Zustand der fokussierten Aufmerksamkeit, nie miteinander verknüpft sind. Das Spiel öffnet quasi 100 Schubladen." (s. Kap.1.2) Das kreativ angelegte Spiel führt demnach weiter als in die reine Fokussiertheit. Es führt in die Kreativität. Kreativität ist der Schlüssel, um die Gegensätze von Offenheit und Verschlossenheit, von Fokussiertheit und Defokussiertheit auszugleichen. Sie hilft, insgesamt geistig zu wachsen, Konflikte zu lösen und den Blick zu weiten. Auf die Schule bezogen heißt es:

Es ist wichtig, bewusst wahrzunehmen, ob Kinder offen und lernbereit oder verschlossen und blockiert sind. Wenn sie verschlossen und blockiert sind, brauchen sie den richtigen *Schlüssel*, um wieder einen Zugang zur Welt zu bekommen. Wenn sie zu offen und zerstreut sind, brauchen sie Hilfe, um sich besser schützen und fokussieren zu können. Es geht um eine Balance zwischen beiden und um den Fluss, in dem wir uns befinden, wenn wir kreativ werden, damit sich unser Potential entfalten kann. Sobald wir uns in unserem Potential befinden, fällt es uns auch leichter, miteinander in den Fluss zu kommen. Damit ist der Weg geebnet für einen kreativen Umgang mit Konflikten, und das ist friedensstiftend.

TIPPs

- Schaffen wir Räume für eine erweiterte dreidimensionale Wahrnehmung. Das gelingt besonders gut in der Natur. Die erweiterte Wahrnehmung braucht mehr Zeit und Muße, als ein straffer Terminplan zulässt.

- Üben wir selbst den Wechsel zwischen Fokus und Umraumwahrnehmung. Kunst kann uns dabei helfen.
- Schaffen wir Räume für Fantasie.

Kapitel 3.6
Gesundheit behalten

Schule soll auf das Leben vorbereiten. Dazu gehört, dass unsere Kinder auch gesund bleiben, sich gesund entwickeln und wissen, wie sie auf ihre Gesundheit achten können. Spielt Kreativität auch hier eine Rolle? Wir haben gesehen, dass mit Kreativität Kompetenzen gefördert werden. Wenn Kreativität vom Nischendasein des Malens und Bastelns befreit wird, fängt sie an, sich auf das ganze Leben auszustrecken. Dann wird sie eine Schlüsselkompetenz. Vielleicht ist es das, was Beuys mit seinem Ausspruch meinte, dass **jeder Mensch ein Künstler** sei.[80] Ich würde sagen, jeder Mensch ist dazu berufen, mit seinem Leben schöpferisch und kreativ umzugehen. Es ist daher nicht abwegig, wenn wir auch die Gesundheit unter dem Aspekt von Öffnen und Schließen, von Kreativität oder Stagnation betrachten können. Sicherlich gibt es Krankheiten, die wir nicht erklären können, die über uns hereinbrechen, ohne dass wir einen Zusammenhang mit unserer Lebensweise erkennen. Ein großer Teil unserer Krankheiten entsteht jedoch durch das Herausfallen aus einer gesundheitlichen Balance. Wir sprechen dann von Zivilisationskrankheiten. Zusammenhänge zwischen einer ungesunden Lebensweise und einer Krankheit sind ausreichend erforscht.[81]

---

80 goethe.de/ins/fr/de/kul/dos/beu/22222261.html
81 de.statista.com/statistik/daten/studie/538329/umfrage/
    koerperliche-beschwerden-in-abhaengigkeit-vom-bewegungsgrad-
    bei-der-arb

Wie schon eingangs erwähnt, gehört das Öffnen und Schließen zum Leben wie das Ein- und Ausatmen, wie Wachen und Schlafen. Wir befinden uns in einem Wechselspiel zwischen zwei Polen und müssen zeitlebens versuchen, dabei im Gleichgewicht zu bleiben. Wir befinden uns in einem offenen Zustand, wenn wir einatmen, Essen aufnehmen, uns in die Elemente stürzen bei Wind und Wetter und keine Begegnung mit anderen Menschen scheuen, egal, ob sie uns sympathisch oder unsympathisch sind. Wir gehen in die Abgeschlossenheit, wenn wir uns zurückziehen, nach innen gehen, um Kräfte zu sammeln oder eine Idee auszubrüten. Wir pendeln täglich zwischen beiden Polen. Was macht unser Körper dabei? Unser Körper braucht auch den Wechsel. Wenn wir zu lange in geschlossenen Räumen sitzen und arbeiten, fehlt unserem Körper das offene Spiel mit den Elementen, das uns abhärtet und unser Immunsystem stärkt. Wir werden blass, geschwächt und anfällig für Krankheiten. Alles, was sich verhärtet und verdichtet, führt zu Erkrankungen. Es muss wieder in den Fluss kommen, da unser Körper ein bewegliches, ganzheitliches System ist. Was liegt da näher, das Gesundwerden und Gesundbleiben selbst als kreativen Prozess zu sehen? Es fängt oft damit an, dass wir plötzlich krank werden und uns nicht darauf vorbereitet haben. Wir wollen die Krankheit weghaben und suchen einen Arzt, der dies ermöglicht. Wenn wir kein kreatives Handeln in Erwägung ziehen, greifen wir womöglich schnell nach Antibiotika und lassen Eingriffe in unseren Körper zu. Wenn wir kreativ sind, holen wir uns vor größeren Eingriffen von mehreren Ärzten eine Diagnose und gehen wie bei jedem kreativen Prozess auf die Suche, unsere Krankheit zu verstehen. Wir beschäftigen uns am besten schon während unserer Gesundheit mit pflanzlichen Alternativen und Methoden, die uns stärken und gesund erhalten.

Krankheiten sind wie ein **kreativer Prozess der Natur**. Die Begriffe, die wir in Kapitel 1 Teil 2 kennengelernt haben, gibt es auch in der Natur. Eine Krankheit wie ein Schnupfen beginnt z. B. mit einer Infektion, sie durchläuft eine Inkubationszeit, bis der Virus in uns ausgebrütet und bekämpft wird und führt zu einer neuen Balance, die mit neuer Gesundheit bzw. einer Immunisierung schließt. Auch hier ist, wie in jedem kreativen Prozess, ein Loslassen nötig, damit der Körper in seine Selbstheilung gehen kann. Der kreative Selbstheilungsprozess wird jedoch unterbunden, wenn jede Infektion und jedes Fieber sofort mit künstlichen Mitteln unterdrückt werden. Wenn wir Krankheiten nicht als ein störendes Hindernis sehen, dass wir schnell loswerden müssen, sondern als ein kreatives Eingreifen unserer eigenen Körperweisheit, liegt es nahe, diesen kreativen Prozess naturnah medikamentös zu unterstützen.

Wenn wir uns andererseits zu viel draußen unter vielen Menschen und bei zu vielen zerstreuenden Aktivitäten aufhalten, verliert unser Körper seine Geschlossenheit, die er braucht, um sich von innen her wieder aufzubauen. Zur Ruhe kommen, nach innen gehen, schlafen und fasten sind eine gesunde Gegenbewegung zu einer ruhelosen Tätigkeit und Zerstreuung. Kinder haben ein natürliches Gefühl dafür, wenn ihr Körper sich bewegen will. Sie haben ein natürliches Gefühl dafür, wann sie essen möchten und wann nicht. Oft ist es ihnen aber nicht bewusst, was ihnen fehlt. Sie brauchen dann den Erzieher und den Lehrer, die einen wachen Blick haben und sie in Bewegung schicken, wenn sie müde und zappelig und sie zur Ruhe bringen, wenn sie aufgedreht sind. Hier beginnt die Vorsorge, um gesund zu bleiben und Kinder gesund zu halten. Der gesunde Wechsel zwischen Aktivität, Anregung und Ruhe, Besinnung muss täglich und rhythmisch geübt werden. Das verhindert Stress und ist eine gute Voraussetzung für Gesundheit. Wenn wir eine körperliche Dysbalance des Kindes als einen kreativen Prozess ansehen, können wir das Kind womöglich wieder fantasievoll in die Balance führen, bevor wir eine ärztliche Behandlung angehen. Dadurch lernt das Kind, dass es selbst für seine Balance verantwortlich ist. Ein anderer Aspekt von Kreativität liegt im Umgang mit Medikamenten und natürlicher Vorsorge. Wer zu früh an den Schutz vor Krankheiten denkt, weil er sich fürchtet, greift wahrscheinlich schnell zu Antibiotika, allopathischen Medikamenten und Impfstoffen. Ein kreativer Umgang mit Vorsorge bietet eine gute Alternative. Wir sind gut beraten, wenn wir unsere Gesundheit mit einer selbst pflegenden Vorsorge schützen, solange wir sie haben. Dafür plädiert auch jede Krankenkasse. Kreativität ist in der Vorsorge mit Vertrauen verbunden. Wer Vertrauen in gesunde Nahrung sowie zu seinem Körper und dessen Mechanismen hat, wird durch Krankheiten nicht beunruhigt. Nahezu jede Krankheit kann man als Gelegenheit ansehen, um nach der Ursache zu forschen, die uns aus dem Gleichgewicht gebracht hat.

Bei Kindern spielt zudem das **Vertrauen in die Beziehung** für ihre schulische Entwicklung und ihre gesundheitliche Resilienz eine große Rolle. Wenn Eltern aus der Balance geraten, weil sie sich trennen oder in ihrem Beruf scheitern, oder weil sie aus anderen Gründen unter zu hohen Stress geraten, überträgt sich das sehr wahrscheinlich auf ihre Kinder. Sie bekommen nicht mehr die *Aufmerksamkeit*, die sie für eine gute Entwicklung brauchen. Führende psychologische Resilienzforscherinnen wie **Emmy Werner** und Ruth Smith führten eine Langzeitstudie bei der Gesundheitsförderung auf der hawaiianischen Insel Kauai durch, die berühmte **Kauai-Studie**. Sie wollten herausfinden, welche Faktoren auf lange Sicht bei Kindern, die unter erschwerten Bedingungen aufwachsen, zu einer höheren Resilienz führen. Alle 698 Frauen und Männer, die über 40 Jahre begleitet wurden, wuchsen unter den gleichen Widrigkeiten wie Arbeitslosigkeit, Alkoholismus oder Gewalt auf. Das Ergebnis: Ausschließlich die Kinder, die mindestens eine Bezugsperson hatten, die sich um sie kümmerte, wuchsen zu selbstbewussten, fürsorglichen und leistungsfähigen Erwachsenen heran.[82] Man kann das Ergebnis dieser Studie für die Resilienz von Kindern zusammenfassen:

---

82 unibas.ch/de/Aktuell/Uni-Nova/Uni-Nova-119/Uni-Nova-119-Gesundheit.html

Kinder mit einer guten Beziehung zu ihrer Bezugsperson haben bessere Chancen, auch später resilient und gesund zu bleiben.

TIPPs

- Bedenken wir, dass die Investition in eine gesunde Beziehung zu unseren Kindern sich lohnt, da sie förderlich für ihre Lernleistung und ihre Gesundheit ist.
- Achten wir auf viele Wechsel bei unseren Kindern in ihren Tätigkeiten: Schulaufgaben oder in der Natur spielen, Ruhe oder sportliche Betätigung – unsere Kinder zeigen uns durch ihr Verhalten, was sie gerade brauchen: mehr Exploration oder mehr Vertiefung und Ruhe.
- Nutzen wir kleinere Krankheiten, um mit den Kindern nach kreativen Lösungen bei der Behandlung zu suchen. Gehen wir mit unseren Kindern auf die Suche nach gesunder Nahrung. Dazu gibt es eine Fülle von Literatur.

Kapitel 3.7
Entwicklung durch Kreativität

Ein Kind ist kein weißes Blatt, das wir als Lehrpersonen nur noch zu befüllen brauchen. Es ist schon lange vor dem Eintritt in die Schule in vieles *verwickelt*, und es hat etwas ganz Eigenes, das es einzigartig macht, das sich *ent*wickeln möchte. Natürlich spielen die Erziehung, die Geschwisterrolle, die Erziehung sowie der soziale Status der Familie eine Rolle bei der Prägung eines Kindes. Aber es geht noch tiefer. Jeder Mensch trägt vererbte Merkmale in sich, die förderlich oder hinderlich sind. Das sind jedoch nicht nur genetische Merkmale, wie die Augenfarbe oder die Haarfarbe. Durch die neueren Forschungen der Max-Planck-Gesellschaft wissen wir, dass epigenetische Markierungen von der Mutter auf das Kind übertragen werden können, die einen genau abgestimmten Mechanismus in Gang setzen, um die Aktivierung der Gene schon in der Embryonalentwicklung zu regulieren.[83] Kurz gesagt: Wir werden nicht nur physisch durch unsere Gene, sondern auch durch Verhaltensweisen und Erlebnisse unserer Vorfahren von Anfang an geprägt. Man nennt das **transgenerationale Vererbung**.

Wie ist das möglich? Forschungen aus der Neurobiologie zeigen, dass sich die Mehrheit der Gene an- und abschalten lassen. Gene sind keine statischen Bausteine in unserem Körper, wie man lange Zeit annahm. „Eine weit verbreitete Ansicht besteht darin, Gene würden unbeirrt von der Außenwelt ihr Programm abspulen, unsere biologischen und psychischen Eigenschaften vorherbestimmen und darüber entscheiden, an welchen Krankheiten wir erkranken. Doch Gene steuern nicht nur, sie werden auch gesteuert", sagt der Hirnforscher Joachim Bauer.[84] Besonders prägend werden Traumata von einer Generation auf die andere übertragen, indem sie die Gene steuern. Forschungen aus der Epigenetik, einem Nebenzweig der Biologie, beschäftigen sich intensiv mit der *Genregulation*. „Traumata sorgen nicht nur für Narben in der Seele, sondern auch für Narben im Erbgut ... Wenn diese Narben auch im Erbgut der Keimzellen sind, dann werden sie sogar weitervererbt[85]." Die gute Nachricht: „Epigenetik stellt also weiche Veränderungen dar, die die Anpassungsfähigkeit in einem Leben ausmachen, die aber durchaus rückgängig gemacht werden können. "(ebd.)

Wir sehen: Kinder sind bereits in frühen Jahren in vieles verwickelt. Neben förderlichen Anlagen gibt es auch Einflüsse, die die Entwicklung unserer Kinder blockieren können.

---

83 mpg.de/11396064/epigenetik-vererbung

84 Joachim Bauer: Das Gedächtnis des Körpers, siehe 3. Kapitel: Gene sind keine Autisten

85 biologie.uni-muenchen.de/studium/lehrerbildung_lmu/downloads/ planetwissen.pdf S.3

Lebenslanges Entwickeln und Lernen

Die Verwicklungen in den frühen Jahren der Kindheit bilden begrenzende Spuren im Lebenslauf. Wie kommt ein Mensch aus den hemmenden Verwicklungen wieder heraus? Welche Rolle spielt dabei seine ureigene Individualität? Eine gute Nachricht der Neurowissenschaft: Die Neurobiologie hat entdeckt, dass das Gehirn eine **Neuroplastizität** besitzt. Das bedeutet, dass wir in der Lage sind, unser Gehirn bis ins hohe Alter neu zu organisieren.[86] Dabei spielt nachweislich die Kreativität eine große Rolle. Das ist die große Chance, sich zu verändern. Niemand möchte nur der sein, zu dem er durch äußere Einflüsse, genetische Anlagen und transgenerationale Vererbung geworden ist. Wenn Kinder rebellieren, kann der Grund dafür sein, dass sie spüren, dass ihnen etwas fehlt, um ihre ureigene Individualität zu entwickeln. Daher wollen sie Begrenzungen abschütteln, die sie daran hindern, frei zu werden und ihr eigenes Potential zu entfalten. Kinder wollen letztlich unbewusst ganz der werden, der sie wirklich sind. Dieser Drang kommt von innen und braucht Hilfe, um in kreative Bahnen gelenkt zu werden. Entwicklung beginnt somit immer von innen.

Wenn die Steuerung der Gene beeinflussbar ist, bleibt die Frage, wer die Gene eigentlich steuert. Sind es nur die Umwelteinflüsse, oder gibt es einen Zusammenhang mit den individuellen Eigenschaften, die ein Mensch mitbringt? Sicherlich gibt es ein Wechselspiel zwischen allen Faktoren. Sicherlich spielen auch verlässliche Beziehungen bei der Entwicklung von *Resilienz* eine große Rolle, wie die Kauai-Studie belegt hat (s. o.). Die Individualität des Kindes ist jedoch in meinen Augen der entscheidende Impulsgeber für Entwicklung, denn sie kommt von innen. Sie hat die Kraft, mit schwierigen Umständen zurechtzukommen.

---

86 aerzteblatt.de/archiv/61051/Neuroplastizitaet-auch-bei-Senioren

Unterstützen wir daher diese Kraft, indem wir Kinder nicht nur reglementieren, zur Unterordnung zwingen und Gehorsam einfordern! Erinnern wir uns an Arthelps aus Kapitel 2.2 „Ringen um Balance". In ihren kreativen Workshops hilft Arthelps Menschen, ihre Persönlichkeit zu stärken und damit ihre Entwicklung zu fördern. Das sollten wir auch mit unseren Kindern tun. Hinzu kommt, dass Resilienz ebenso wie bei der Neuroplastizität des Gehirns trainiert werden kann. Dabei spielt Kreativität eine entscheidende Rolle. „... es können viele resilienzstärkende Faktoren trainiert und weiterentwickelt werden – und zwar lebenslang, d.h. von Erwachsenen ebenso wie im Kindesalter[87]." Damit bekommen Erziehung und Schulbildung eine besondere Bedeutung.

Jede Entwicklung ist ein Gewinn. Darin stimmen sicherlich alle überein. Wir freuen uns, wenn unser Kind in der Schule mehr Selbstbewusstsein entwickelt hat. Wir staunen, wenn sich seine Persönlichkeit in einzelnen Momenten zeigt. Wir freuen uns natürlich auch über jede Kompetenz, die unser Kind entwickelt. Wir sprechen immer von Entwicklungen, als gäbe es in uns ein individuelles, eingewickeltes Potential, das ausgewickelt werden will. Was kann das anderes sein als unser geistiges Potential? Wenn wir uns also freuen, weil unsere Kinder einen Entwicklungsschritt machen, freuen wir uns folglich, dass etwas mehr von ihrem geistigen Wesen in Erscheinung tritt. Das ist spirituelle Entwicklung. Wir werden damit zu Geburtshelfern der geistigen Eigenkräfte des Kindes. Ich habe noch gut vor Augen, wie das Gesicht unseres Sohnes leuchtete, als er mit 12 Monaten die ersten Schritte machte. Das war ein ergreifender Moment. Es waren in erster Linie Experimente, die unseren Kindern die Welt ein Stück aufschlossen. Dabei waren sie die tätigen Entdecker. Sie taten etwas, das sie inspirierte, also ihren Geist befeuerte. Entwicklung bringt

---

87 juttaheller.de/resilienz/resilienz-abc/forschung-zu-resilienz/

Kinder zum Leuchten. Erinnern wir uns an die Aussage von Augustinus, dem Kirchenvater, über die Illumination, der 3. Phase des kreativen Prozesses: „Erleuchtung des menschlichen Denkens durch die Einstrahlung ewiger, göttlicher Wahrheit." (s. Kap. 2.3) Nach seiner Auffassung findet also eine göttliche Erleuchtung statt während der Illumination und führt zu wahrer Erkenntnis. Das lässt die spirituelle Dimension von Kreativität erahnen.

Wie fühlt es sich an, was noch nicht entwickelt ist, aus der Sicht des Kindes? Ich erinnere mich noch vage daran, wie es für mich in dem Alter war, wo ich noch nicht richtig sprechen konnte. Die wichtigsten Wahrheiten waren nur fühlbar. Es fehlten mir die Worte, aber ich spürte sofort, dass etwas nicht in Ordnung war, wenn die Liebe fehlte. Ich spürte auch sehr schmerzhaft, dass ich nicht gehört wurde. Es war, wie wenn man unter Wasser ist und versucht, mit jemandem zu sprechen, der an der Oberfläche ist. Auch Kinder, die noch nicht sprechen können, ahnen die wichtigsten Wahrheiten. Damit sollten wir immer rechnen, wenn wir uns vor ihnen streiten. Das Gefühl des unbewussten Wissens, ob etwas aus Liebe geschieht oder nicht, spürt jedes Kind instinktiv. Wir dürfen davon ausgehen, dass viel mehr in Kindern vor sich geht, als sie zu sagen und zu zeigen in der Lage sind.

Resümee

Nach diesen Ausführungen könnte man Entwicklung als das **Auswickeln eines schöpferischen inneren Potentials** beschreiben. Bei einem Austausch mit Gerald Hüther über Kreativität kamen wir an den Punkt, ob nicht auch ein krimineller Waffenhändler oder ein Drogenhändler kreativ sein kann. Daraus ergibt sich die Frage: Wie grenzt sich Kreativität von ihrem Missbrauch ab? Wie eingangs beschrieben, ist Kreativität auch bei Konflikten nötig. Mit ihrer Hilfe kann man Konflikte lösen. Kriminelle Waffen- und Drogenhändler schaffen jedoch Konflikte. Sie lösen sie nicht und sind somit auch nicht schöpferisch-kreativ. Bei näherem Hinsehen folgt ihre „Entwicklung" der eigenen Gier oder der eigenen Angst. Damit bleiben sie in Dunkelräumen, während echte Schöpferkraft sich in Lichträumen aufhält und vor keinem Problem die Augen verschließt. (siehe illuminare = leuchten) Kriminalität ist vielleicht „kreativ", aber niemals schöpferisch, denn sie schließt immer andere Menschen aus, für die sie keine Verantwortung übernehmen möchte. Ein Waffenschieber entwickelt vielleicht ein hohes kreatives Potential, um sich zu bereichern. Dabei ignoriert er jedoch die Wirkung seines Tuns. Mit Sicherheit möchte er nicht mitbekommen, was mit seinen Waffen passiert. Er übt sich lieber im Verdrängen. Wahre Kreativität ist daher meiner Meinung nach **ganzheitlich schöpferisch**. Sie schließt kein Problem aus. Sie interessiert sich stets für die Probleme aller Menschen, die uns begegnen. Diese Aufgabe ist zeitlos, gegenwärtig und handlungsorientiert. Sie ist nicht leicht, wird aber vorstellbar, wenn wir jede zwischenmenschliche, schwierige Begegnung und jedes Problem als Chance sehen, einen kreativen Prozess zu wagen.

Kampf ums Überleben?

In der Natur können wir beobachten, wie sich Pflanzen und Tiere in vollkommener Weise öffnen und schließen. Das wurde im Kapitel 4 Teil 2 näher beschrieben. Sie öffnen sich in perfekter Hingabe an ihre Umgebung und verschließen sich, um sich zu schützen. Es ist wie ein Einatmen und Ausatmen. Nie kämen wir auf die Idee, dass Pflanzen und Tiere sich zu sehr öffnen oder zu sehr schließen, dass sie erst lernen müssten, sich angemessen zu öffnen und zu schließen. Kein Tier, das in einer natürlichen Umgebung lebt, überisst sich und leidet dann später an Übergewicht, Arteriosklerose oder Depressionen. In der Natur sind Öffnen und Schließen in einer perfekten

Harmonie, solange sie nicht vom Menschen künstlich gestört wird. Wie ist es beim Menschen? Das Öffnen und Schließen im menschlichen Sein ist oft verwirrt, verdreht und hat mehr mit Angst, Kontrolle und Gier zu tun. Durch die Angst, nicht genug zum Leben zu haben, entwickeln Menschen eine Gier. Dort sind viele hinein konditioniert worden. Wir müssen sozusagen Haben wollen, um überleben zu können. Das hat das menschliche System tief verwirrt. Wenn sich ein menschliches Sein öffnet und sich dabei in der Gier befindet, hat es nicht mit einem Öffnen dem Licht gegenüber zu tun, sondern mit einem **Haben wollen**. Das Schließen geschieht aus dem **Nicht-Haben wollen**, aus der Kontrolle. Ich will nicht krank, nicht arm werden. Auch dieses dient dem **Überlebensinstinkt**. Das wurde vielen eingeimpft. In dem Moment, in dem sich der Überlebensinstinkt transformieren darf, indem er sich aus der Angst, der Kontrolle und der Gier befreit durch den ureigenen Impuls des Gottvertrauens, kommen wir zu einem Öffnen und Schließen, das sich auf einer höheren Ebene bewegt. Es ist der Raum der Mitte. Hier gelangt hinein, wer frei von Bewertungen, Bestimmungen und Urteilen ist. Verlässt du diesen Raum der Mitte, so findest du genug Nahrung, die Lebensumstände negativ zu sehen in all ihren Schattierungen, kurz vor dem Kollaps, kurz vor einer vielfältigen Zerstörung in alle Richtungen. Eine weitere Herausforderung unserer Zeit ist die Fülle an Informationen. Die Prozesse auf dieser Welt finden auf vielfältigen Ebenen statt. Wahrheit ist oft einfach, und doch unterteilt sie sich in unendlich viele Eigen-Wahrheiten, die von unterschiedlichen Perspektiven geprägt sind. Man denke nur daran, wie ein Virologe, ein Psychologe, ein Mediziner oder ein Pädagoge unsere Zeit von Corona bewerten würde. Alles ist Vielfalt, die sich immer mehr vertieft. Wenn wir das wissen, werden wir nicht mehr in einer einzigen Welt-Sicht verloren gehen. In dieser Zeit entfaltet sich die Vielfalt explosionsartig. Jeder Mensch nimmt daran teil und kommt mit seinem Urteilsvermögen kaum noch nach. Manche versuchen, sich festzuhalten an Bestimmungen und Beurteilungen, doch die explosionsartigen Bewegungen in die Vielfalt bei den Problemen in unserer Zeit sind so gigantisch, dass wir nicht mehr hinterherkommen, sie festzuhalten. Haben wir nun den Mut, uns bei diesen Herausforderungen in das Meer der Unbestimmtheit zu begeben und einen Moment lang einfach nur wahrzunehmen und zu beobachten, wertfrei und ohne zu urteilen? Dann kommen wir in einen Raum, der neu kreiert werden möchte. Das ist der Raum der Mitte, frei von Bewertungen, Bestimmungen und Urteilen. Hier ist kein Kampf ums Überleben im Mittelpunkt. Hier lebe ich im puren Sein, das die Probleme der Welt schöpferisch lösen möchte.

Im Kern angekommen

Wenn ich mein schöpferisches Potential ausgewickelt habe, bleibt die letzte Frage: Was ist von mir übrig, wenn ich sterbe und alles ausgewickelt ist, wenn alles Materielle mich verlässt? Ist es eine Art schöpferisches Kontinuum, das zu seinem Schöpfer zurückkehrt? Interessanterweise kommen gerade forschende Wissenschaftler nicht selten zu der Aussage, dass es Gott als Schöpfer gibt. Diese Aussage ist sehr unpopulär in unserer Zeit, dabei haben berühmte Naturwissenschaftler wie Max Planck keine Probleme gehabt, Gott mit der Naturwissenschaft in Einklang zu bringen. Ich erinnere an seine berühmten Aussagen: „Es gibt keine Materie an sich ... Alle Materie entsteht und existiert nur durch eine Kraft, welche die Atomteilchen in Schwingung bringt ... Hinter dieser Kraft müssen wir einen intelligenten Geist annehmen. Dieser Geist ist der Urgrund aller Materie[88]." Werner von Heisenberg hat den berühmten Ausspruch verfasst: „Der erste Trunk aus dem Becher

---

[88] beruhmte-zitate.de/zitate/1952278-max-planck-als-physiker-der-sein-ganzes-leben-der-nuchternen/

der Naturwissenschaften macht atheistisch; aber auf dem Grund des Bechers wartet Gott." (ebd.)

Im Moment einer schweren Krankheit oder des Sterbens findet der völlige Verlust von Kontrolle statt. Das wirkt auf den ersten Eindruck bedrohlich. Dieser Kontrollverlust findet aber auch während der 2. Phase des kreativen Prozesses statt. Ich finde es interessant, beide Momente im Leben miteinander zu vergleichen. Bei der Inkubation bin ich nicht mehr fokussiert. Ich gebe die Kontrolle auf und brüte etwas aus. In der Krankheit wartet nach dem Genesungskampf eine neue Gesundheit auf mich. Beim Korn folgt nach dem Absterben der Blätter die Reifung der Frucht. Dem Schlaf folgt Erfrischung und Erneuerung. In dem Moment, wo ich die Kontrolle aufgabe, passiert Wandlung. Bei der Illumination wirken offensichtlich andere Mächte, die während meines Loslassens meine neuronalen Potentiale neu vernetzen. Manchmal wache ich morgens auf und sehe auf einen Schlag die Gesamtheit der Probleme sowie deren Lösung. Nach der Inkubationszeit kommt das Geschenk der Illumination aus einer anderen Quelle. Was liegt näher, als diese Quelle mit dem Ursprung des Schöpferischen zu verbinden? Kreativität wird oft mit Schöpferkraft gleichgesetzt. Es wird betont, wie groß die Schöpferkraft eines Menschen ist. Es wird aber ausgeklammert, woher wir diese Schöpferkraft eigentlich haben. Dabei gibt uns das Wort meiner Ansicht nach selbst Auskunft: Schöpferkraft kommt vom Schöpfer. Er hat sie also in uns hineingelegt. Das Gesetz der Anziehung wiederum besagt, dass Gleiches sich mit Gleichem anzieht, oder anders ausgedrückt: Gleich und Gleich gesellt sich gern. Das Schöpferische in uns zieht folglich den Schöpfer an. Ist es das, was Kreativität so anziehend macht?

Entwicklung als Innovation

Wie kann man Entwicklung wahrnehmen? Äußerlich ist die Entwicklung eines Menschen leicht wahrnehmbar. Wir können bestimmte Fähigkeiten entdecken und bestimmte Kompetenzen überprüfen. Wenn ich von spiritueller Entwicklung spreche, müssen wir unsere äußeren Sinne erweitern, indem wir auch unseren Blick nach innen öffnen und überprüfen, nach welchen Motiven ein Mensch lebt. Wenn wir ein Kind beobachten, müssen wir hinter der Mimik und Gestik, hinter den oft unbeholfen wirkenden Worten nach dem inneren Motiv des Kindes suchen. Hier zeigt sich, ob ein Kind von einer tiefen Enttäuschung, von Zwängen oder einer Verlustangst gesteuert wird. Um dem Kind wieder den Blick zu öffnen für den Wert des Lebens, selbst bei Schicksalsschlägen, brauchen wir eine hohe Sozialkompetenz und einen eigenen Halt. Den sucht das Kind, wenn es in Not ist. Ein Kind, das aus einem zerrütteten Elternhaus kommt, sucht ein neues, heiles Bild von Beziehung in uns. Es nimmt dieses Bild über die Spiegelneuronen in sich auf, wenn es eine gute Beziehung zu uns hat. Wir müssen uns daher fragen: Glauben wir selbst an das Gute, das Wahre und das Schöne, das die Welt zu einem lebenswerten Planeten macht? Das Kind erwartet von uns einen klaren Standpunkt dazu, um sich daran zu orientieren. Das ist meine Erfahrung. Wir können traumatische Erlebnisse beim Kind nicht lösen. Wir können aber in der Zeit, wo wir mit dem Kind arbeiten, einen Orientierungsanker werfen, der das Kind durch sein Leben begleitet.

Erinnern wir uns an den kreativen Prozess. Er beginnt mit einer ganzheitlichen Wahrnehmung und durchläuft während der Inkubation einen träumenden Zustand. In diesen Wahrnehmungen und Zuständen befinden sich oft Kinder. Jeder, der mit ihnen arbeitet oder sie erzieht, kann dies erleben. Sie haben eine unglaubliche Imaginationskraft. Aus einfachsten Gegenständen lassen sie Wesen und Situationen entstehen, mit denen Probleme gelöst werden. Kinder befinden sich häufig in einem kreativen Zustand, wenn man sie lässt. Piaget entdeckte dies ebenfalls und kam zu der Erkenntnis: „Bildung bedeutet für die meisten Menschen, dass sie versuchen, das Kind wie einen für seine Gesellschaft typischen Erwachsenen aussehen zu lassen. Aber für mich sollten Bildungseinrichtungen kleine Schöpfer hervorbringen. Sie müssen die Kinder zu Erfindern, Innovatoren und Nonkonformisten machen[89]." Er sah im Kind das Potential, eine Gesellschaft kreativ positiv zu verändern. Das Hauptziel der schulischen Bildung sollte deshalb darin bestehen, „... Männer und Frauen hervorzubringen, die in der Lage sind, Neues zu tun und nicht einfach nur zu wiederholen, was andere Generationen bereits getan haben." (ebd.) Damit sprach er das kreative Potential von Kindern an. Kinder wollen ihr geistiges Potential in Erscheinung bringen und hervorbringen. Sie wollen spirituell wachsen. Ich denke, das ist der Hauptgrund, warum sie so gerne spielen. Beim Spiel sind Kinder die Akteure ihres eigenen Lernprozesses. Wer kleine Kinder beim Spielen beobachtet, sieht, wie konzentriert sie Dinge erkunden, miteinander in den Austausch gehen, soziales Verhalten erlernen und ihre motorischen und sprachlichen Fähigkeiten immer mehr verfeinern. Es ist daher ohne Frage von großem Vorteil für die Entwicklung eines Kindes, viele Anlässe zu erleben, bei denen es kreativ sein darf. Das bedeutet, ihm auch ein Stück Freiheit zu geben, denn ein Kind, das unter Druck und Zwang lernt, ist vielleicht angepasst und lieb, was angenehm für Lehrpersonen und Erzieher ist. Es kann aber so kein kreatives und authentisches Kind werden. Anders gesagt: Seien wir offen und geduldig, wenn Kinder lebendig und unruhig werden, während sie eigenen Ideen folgen. Sie brauchen nur einen Rahmen mit klaren Regeln, der ihnen einen Raum schafft, um kreativ zu sein.

---

89 gedankenwelt.de/7-zitate-von-piaget-ueber-die-kindheit-und-das-lernen/

Kreativität zu fördern bedeutet, dass man Kindern keine fertigen Anweisungen geben sollte, die sie nur ausführen müssen. Sie sollten mit Problemen umgeben werden, die für ihr Alter lösbar sind. Das kann eine vorbereitete Umgebung sein, die viele Spielanlässe und Möglichkeiten zum Experimentieren ermöglicht. Das forderte schon Maria Montessori in ihrer Pädagogik, wenn sie von einer vorbereiteten Umgebung spricht, die genug Anregung bietet, um das Kind zum Handeln intrinsisch zu motivieren (Montessori, so.). Das Kind kann aber auch dadurch angeregt werden, dass Lehrpersonen die kreativen Ideen der Schüler ernst nehmen und sie als Ergänzung für die eigene Unterrichtsgestaltung in ihr Konzept aufnehmen. Die Rolle des Lehrers sollte dabei „... die eines Ideengebers sein, der Initiative in den Köpfen junger Menschen stiftet." (Piaget, s. o.) Die Idee einer anregungsreichen Umgebung für Kinder zur Förderung ihrer Kreativität ist nicht auf Montessori Schulen begrenzt. In den 70er Jahren entwickelte das Professorenehepaar Mehlhorn aus Leipzig in der DDR ein Reformschulkonzept, das nach der Wende zu einem Erfolgsrezept für Kreativitätsschulen wurde. „Es sind die verschiedenen Dimensionen der geistigen Entwicklung, die die Mehlhorns mit ihrem Schulkonzept besser abdecken wollen als staatliche Schulen. So sollen beide Hirnhälften optimal entwickelt werden: Die linke durch abstraktes Lernen, die rechte durch anschauliches Denken." Ihr Konzept hat Erfolg: „Mehr als 80 Prozent eines Jahrgangs bekommen am Ende der 4. Klasse die Empfehlung für das Gymnasium[90]." Inzwischen gibt es 23 Kreativitätsschulen in Sachsen. 2002 wurde die Mehlhorn-Stiftung gegründet und 2008 die Akademie für Kreativitätspädagogik Leipzig mit der Ausbildung zum *Kreativitätspädagogen*, um Lehrpersonen auf den Einsatz von Kreativität in der Schule vorzubereiten.[91]

---

90 deutschlandfunkkultur.de/erhoehte-lernbereitschaft-100.html
91 krea-dachverband.de/Dachverband Kreativitätspädagogik e.V.

Ich fasse zusammen:

- Kreativität kommt aus einer Quelle tief in uns, die unser Denken erneuert und uns lebendig macht.
- Kreativität ist eine Schlüsselkompetenz. Sie begrenzt sich nicht auf künstlerische oder handwerkliche Tätigkeiten. Sie sieht das ganze Leben als Herausforderung an, damit schöpferisch umzugehen und dazu gehören auch Probleme.
- Kreativität hilft uns, aus Fehlern zu lernen und konstruktiv damit umzugehen. Damit fördert sie unsere Entwicklung.
- Kreativität entwickelt sich am besten in der Gemeinschaft. Daher sollten Probleme in überschaubaren Gruppengrößen gelöst werden.
- Kreativität als Problemlösungskompetenz fördert die Entwicklung von Empathie, da sie Zuhören, Geduld, Besonnenheit und Achtung füreinander stärkt.
- Folglich gehören Kreativität und Liebe eng zusammen. Kreativität ist vielleicht ohne Liebe möglich, nicht aber Liebe ohne Kreativität.
- Die Folge von umfassender Kreativität im schöpferischen Sinne ist eine spirituelle Entwicklung, da mein geistiges Potential am besten hervortritt, wenn ich in dieser Weise mit den Anforderungen des Lebens umgehe – kreativ, schöpferisch.

Chancen eines Paradigmenwechsels

Wir leben in hausgemachten Krisen. Ich erinnere an die Einleitung, in der der ISSO-Gründer Martin Görlitz bei einer Talkrunde auf den Nachhaltigkeits-Gedanken und die globale Bedeutung von Kreativität hinwies: „Alle Probleme, die wir aktuell auf dem Globus haben, sind von Menschen gemacht. Wir können Kreativität einsetzen, um diese Probleme wieder aus der Welt zu schaffen und so die Umwelt zu retten." Welche Chancen tun sich mit einer Krise auf? Alle fest verankerten Gewohnheiten, die unser Leben in der Spur halten, können plötzlich an Bedeutung verlieren, da die Welt sich so schnell verändert. Ein Verlust kann aber zu einer Quelle der Erneuerung werden. Der Verlust der Arbeitsstelle öffnet womöglich den Weg zu einer neuen Tätigkeit, die dem eigenen Potential mehr Raum gibt. Eine Krankheit lässt uns innehalten und zwingt uns dazu, unseren Lebensstil zu überdenken. Vielleicht entdecken wir in der Krankheit die Auswirkungen unserer ungesunden Lebensweise. Die wirtschaftliche Krise in der Corona-Zeit lässt uns innehalten und zwingt uns zum Umdenken. Eingleisiges Denken zerstört komplexe Lebenszusammenhänge. Die herrschenden Paradigmen von grenzenlosem Wachstum, Ausbeuten und Beherrschen der Natur und der Menschen geraten ins Wanken. Sollte der Mensch wieder lernen, sich zurückzunehmen, bescheidener und offener füreinander zu werden? Wie könnten Lösungen aussehen? Kein Computer kann meines Erachtens allein unsere Probleme lösen, denn er kann nie so ganzheitlich denken wie der Mensch. Das liegt sicherlich auch daran, dass kein noch so intelligenter Computer über eine emotionale Intelligenz oder Kreativität in unserem Sinne verfügt. Lösungen können auch nicht global für alle Menschen geschaffen werden, denn Kreativität braucht überschaubare Gruppengrößen, in denen Menschen sich auf Augenhöhe begegnen, um kreativ sein zu können. Ich denke, die Probleme in der Welt sind vielschichtiger Natur, alles hängt miteinander zusammen. Daher braucht es das ganzheitliche Bewusstsein des Menschen, um alle Aspekte unserer Probleme wahrzunehmen und in Einklang zu bringen. Es braucht den schöpferischen offenen Menschen, der die Folgen seines Tuns im Blick hat, der Gegensätze überwindet und auszugleichen versucht. Dann wäre der Weg geebnet für eine kreative Lösung der Probleme, die es in unserer Welt gibt. Dann wären globale Probleme ein Anliegen jedes einzelnen Menschen und niemand fühlte sich außen vor, unbedeutend und ohne Einfluss. Darin liegt wiederum eine große Kraft, mit der wir alle Probleme der Zukunft meistern können. Gemeinsam gelöste Probleme schaffen wiederum ein neues Zusammengehörigkeitsgefühl, das aus Freiheit und Selbstverantwortung entsteht. Doch dazu müssten sich Strukturen völlig neu ordnen, alte Gewohnheiten müssten überdacht und neue geformt und angelegt werden, wie in jedem normalen kreativen Prozess. Steht ein solcher Paradigmenwechsel bevor? Man könnte es nur begrüßen.

Kapitel 3.8
Spiele und Übungen

Spiele und Übungen, die unsere Sinne ansprechen und uns weit machen, die darüber hinaus mehrere Möglichkeiten zur Lösung anbieten, öffnen uns. Es folgt nun eine unvollständige, aber erprobte Sammlung von Übungen und Spielen, die uns öffnen können.

Öffnendes Hören im Wald

Umraum: Gehe so langsam, dass du ohne anzustoßen blind durch den Wald gehen kannst. Achte auf alle Geräusche gleichzeitig: das **Knacken** im Unterholz, auf den **Wind**, der durch die Zweige streicht. Ächzt ein Baum im Wind? *Fokus*: Achte auf wiederkehrende **Geräusche** durch Tiere im Unterholz. Suche ein ruhiges Plätzchen, wo du dich niederlassen kannst. Achte auf Geräusche, die weit **entfernt**, dann auf die, die ganz **nah** sind. Um das Hören zu intensivieren, lokalisiere wie bei einer Uhr, woher das Geräusch kommt. Zeichne innerlich die **Melodiespur** nach, die du beim Lauschen eines Vogels hörst. (s. Kapitel 2.9 sinnlicher Unterricht)

Astxylophon: Nimm einen Stock und prüfe durch Klopfen die **Tonhöhe** von Hölzern. Baue dir ein Xylophon auf dem Boden.

Öffnendes Sehen im Wald

Umraum: Versuche, deine Welt wie ein Kind zu sehen: Lass visuelle Eindrücke kommen und gehen. Nimm ganzheitlich wahr. Achte auf **Kontraste** wie hell und dunkel, die am Waldrand durch Licht und Schatten entstehen. Versuche, **große Flächen** zu sehen, ohne ins Detail zu gehen. *Fokus:* Folge deiner Intuition beim Gehen im Wald: Achte auf Pflanzen, Bäume, Sträucher, die dir besonders schön vorkommen. Folge ihnen und lass dich davon leiten.

Lass dich von Details anziehen. Achte bei deinem Weg nicht auf ein Ziel, sondern auf die kleinsten Details, die dir auffallen: die **Symmetrie** der Blätter am Baum, der **Rhythmus** der schaukelnden Zweige, wenn ein Windstoß hindurchgeht. Achte auf **Winkel** bei Ästen und Zweigen. Verfolge die **Wachstumsrichtung** bei Pflanzen: von der Wurzel bis zum Spross, vom Alten zum Jungen. Verfolge zeichnerisch diese Richtung mit wenigen Linien. Strecke die Arme in der Richtung, wie der Baum sich entfaltet. (viele Übungen gibt es auch unter: https://www.treffpunkt-draussen.de/files/downloads/Waldbaden%20und%20Sinness%C3%BCbungen%20im%20Wald.pdf)

Dem Körper folgen

Unser Körper folgt von morgens bis abends unseren Zielen, die wir im Kopf haben. Drehen wir die Richtung um: Folgen wir mit unserer ganzen Aufmerksamkeit unserem Körper. Das öffnet und bringt unser Denken zur Ruhe. Beim Gehen oder Joggen achten wir auf unseren **Atemrhythmus**, z. B. 1-2 (Einatmen) 3-4-5 (Ausatmen). Setzen wir unsere **Füße** bewusst auf: von der Ferse bis zu den Zehen oder umgekehrt. Schlenkern wir die Arme rhythmisch zum Gehen. Räkle deinen Körper durch. Halte Dehnungen in der Gymnastik und spüre nach, wenn du wieder loslässt. Durchwandere beim **Bodyscan** deinen Körper (s. Hinweis 7, Teil 2).

Blindzeichnen

Nehmen wir einen Stift in die Hand und folgen wir mit ihm der Sehrichtung unserer Augen beim Abtasten eines Baumes oder eines anderen Objektes, ohne auf das Papier zu schauen. Lassen wir uns dabei von den Linien führen, die uns anziehend erscheinen.

Sich überraschen lassen

Ändern wir bewusst die Richtung unseres Weges, die wir normalerweise gehen. Nutzen wir jede Wegkreuzung, um uns **spontan** neu zu entscheiden, welchen Weg wir einschlagen. Nutzen wir das Verfahren im Auto, einen unangekündigten Besuch oder ein unvorhergesehenes Ereignis, um uns überraschen zu lassen. Sprechen wir jemanden an, den wir noch nicht kennen.

Spiele, die öffnen

Activity: Hier ist viel Fantasie und Spontanität verlangt, um Begriffe und Redewendungen zu zeichnen, darzustellen oder zu beschreiben. **Ich sehe, was, was du nicht siehst** – alt und doch effektiv. **Memory**: Ich erfasse intuitiv zwei zueinander passende Karten. **Kim-Spiele**: Eine Anzahl von Gegenständen liegt auf dem Tisch. Ein Mitspieler prägt sich die Gegenstände und ihre Lage ein und verlässt den Raum. Dann wird etwas verändert, was der Mitspieler herausfinden muss. **Dixit:** Hier ist viel Phantasie und Intuition gefragt. Die Spielkarten sprechen Träume und Urbilder an.

Übungen aus dem **Brain Gym** und aus **Life Kinetik:**

Man kann auch ganz körperlich arbeiten, um zu einer Vernetzung der beiden Gehirnhälften zu gelangen. Dazu bietet Brain Gym eine Fülle an Über-Kreuz-Bewegungen, bei denen wir die Körpermitte mit den Händen, den Augen oder den Füßen kreuzen. Brain Gym hilft bei Prüfungsangst, Konzentrationsproblemen, bei Problemen mit der Augen-Hand-Koordination, bei Legasthenie, Dyskalkulie und allen Lernblockaden. siehe: (https://www.mayconsulting.ch/wp-content/uploads/Brain-Gym-f%C3%BCr-Lernende.pdf)

Wechsle im Alltag die Seite. Als Rechtshänder mit links die Zähne putzen, als Linkshänder mit rechts die Nase putzen, schreiben mit der anderen Hand etc.

Improtheater

Viel Spaß haben wir immer wieder mit **Stegreifreden** bei Familien-Zusammenkünften. Es braucht meistens einen „Eisbrecher", jemanden, der mutig den Anfang macht. Es braucht eine zeitliche Begrenzung, um einen Rahmen zu geben und beim Reden nicht auszuufern. Außerdem ist es wichtig, dass möglichst jeder drankommt. Das nimmt die Exklusivität von Stegreifreden. Eine sinnvolle Hilfe ist es, wenn das Thema vorgegeben ist. Es ist immer wieder überraschend, welche Ideen einem kommen, wenn man einfach mit irgendetwas zu reden beginnt.

Viele Spiele aus dem Theater-Impro findest du unter **improwiki.org**

Viele Anregungen für einen kreativen Umgang mit deinen Kindern findest du auch unter: **familienhandbuch.de** sowie unter: **insights.gostudent.org**

LITERATURHINWEISE

Teil 1

1) https://www.kinderschutz.ch/kinderschutz-schweiz/
   aktuelles/kampagne-emmo-2022
2) https://www.ksw.ch/gesundheitsthemen/burnout-kinder-
   jugendliche/
3) https://www.usz.ch/krankheit/posttraumatische-
   belastungsstoerungen/
4) Spiegel Nr.31/28.7.03)
5) siehe: eftinternational.org
6) Siehe: Das schweizer Elternmagazin Fritz + Fränzi, Juni
   23, S. 46 und 47
7) s. Bildung Schweiz, Dachverband Lehrerinnen und Lehrer
   Schweiz 6/23, S. 43
8) familienleben.ch Kunsterziehung fördert die gesunde Entwicklung
9) M. Korte: Wie Kinder heute lernen 2009 S. 36
10) https://www.dwds.de/wb/fehlen#1
11) siehe: Gesellschaft für Fehlerkultur UG,
    https://fuckups.de/ueber-uns/und konvergenz.de.
    Hauptinitiator ist Prof. Ralf Kemmer, der im Bereich Stra-
    tegie und Markenberatung tätig ist. Das Institut hat seit
    2009 u. a. Unternehmen wie Allianz, Airbus, eprimo und
    HDI begleitet. Sehr interessante Geschichten über die
    Fehler, die führende Persönlichkeiten aus der Wirtschaft
    gemacht haben, findet man in dem Buch: Mein größter
    Fehler – Bekenntnisse erfolgreicher Unternehmer, Impul-
    se Medien GmbH 2017, Hamburg

12) https://www.blick.ch/life/gesundheit/medizin/
hirnforscher-gerald-huether-spielen-ist-duenger-fuer-das-
gehirn-id5721031.html

13) https://www.hna.de/lokales/hofgeismar/trendelburg-
ort43206/pferd-mathe-lernen-schule-reiterhof-kassel-
hofgeismar-90022562.h

14) siehe: G. Hüther: Die Macht der inneren Bilder 2004

15) https://www.synaesthesie.org/de/synaesthesie

16) M. Spitzer: Vorsicht Bildschirm! 2006 S. 90

17) siehe: https://www.oecd.org/media/oecdorg/satellitesites/
berlincentre/pressethemen/GERMANY_Country-Note-
PISA-2022_DEU.pdf, Pisa Studie 2023: „Insgesamt kam
es in der PISA-Erhebung 2022 zu einem beispiellosen
Rückgang des OECD-Leistungsdurchschnitts. Verglichen
mit 2018 sank er in Lesekompetenz um 10 Punkte und in
Mathematik um fast 15 Punkte."
siehe auch: Sonntagszeitung vom 3.12.2023: „... Fast jeder
zweite Schulabgänger in der Schweiz kann kaum lesen."
(sonntagszeitung.ch)

Teil 2

18) siehe Stern.de Insulin Türöffner im Blut, sowie
www.accu-chek.de/ratgeber-diabetes/insulintherapie/
was-ist-insulin

19) siehe: https://studyflix.de/biologie/apoptose-2279 sowie
https://flexikon.doccheck.com/de/Apoptose

20) Joachim Bauer: Warum ich fühle, was du fühlst – S. 94

21) https://www.wework.com/de-DE/ideas/worklife/
understanding-the-four-stages-of-the-creative-process

22) https://flexikon.doccheck.com/de/Inkubationszeit

23) hypnose-kikh.de/tempelschlaf.html

24) spektrum.de/lexikon/philosophie/illumination/94

25) https://de.wikipedia.org/wiki/Archimedisches_Prinzip

26) https://www.tk.de/action/techniker/2000110/
tksearch?q=bodyscan

27) https://www.wissenschaft-aktuell.de/artikel/Gehen_
macht_kreativ1771015589548.html

28) Edith Müller-Ortloff, Bildteppiche in Wolle und Seide,
Verlag des Südkurier Konstanz, S. 36

29) Eine Auswahl bedeutender Kriege des 20. Jahrhunderts
mag dies bestätigen:

- Der Korea-Krieg endete am 27. Juli 1953 mit einem
Waffenstillstandsabkommen, das zwischen Nordko-
rea, China und den Vereinten Nationen (mit Beteili-
gung von Südkorea) unterzeichnet wurde. Das Abkommen wurde in Panmunjom, einem Dorf an der Grenze
zwischen Nord- und Südkorea, unterzeichnet. 2023:
Das Konfliktpotential zwischen Nord- und Südkorea
ist gefährlicher denn je.

- Der Bürgerkrieg in Nicaragua: Der Krieg endete 1990
mit dem Friedensabkommen von Sapoá, das zwischen
der sandinistischen Regierung und der Konter-Guerilla

- unterzeichnet wurde. 2023: Nicaragua ist zu einer
Diktatur geworden. „Die Revolution frißt ihre Kinder"
(siehe medico.de)

- Zweiter Golfkrieg: Der Zweite Golfkrieg endete 1991
mit einem Waffenstillstandsabkommen zwischen den
USA und ihren Verbündeten auf der einen Seite und
dem Irak auf der anderen Seite. Das Abkommen wurde
in Safwan, einem Ort nahe der irakischen Grenze zu
Kuwait, unterzeichnet. 2023: Der Staat ist geprägt von
ethnischen und konfessionellen Konflikten sowie den
Interessen ausländischer Mächte wie Russlands und
der USA. (siehe dw.com)

- Der Bürgerkrieg in El Salvador: Der Krieg endete 1992
mit den Friedensabkommen von Chapultepec, die
zwischen der salvadorianischen Regierung und den
FMLN-Guerillakämpfern unterzeichnet wurden. 2023
ist es ein autoritäres Regime, das die Fundamente der

Demokratie längst ausgehebelt hat. Gewalt, Armut und Perspektivlosigkeit bestimmen den Alltag. (siehe medico.de)

30) siehe: vatican.va Enzyklika Pacem in Terris
31) https://1000-zitate.de/11683/Achte-auf-Deine-Gedanken-denn-sie.html
32) Siehe: Friedrich Schiller (1759–1805): Über die ästhetische Erziehung des Menschen, 15. Brief: „Der Mensch spielt nur, wo er in voller Bedeutung des Wortes Mensch ist, und er ist nur da ganz Mensch, wo er spielt." 24. Brief: „Es ist dem Menschen einmal eigen, das Höchste und das Niedrigste in seiner Natur zu vereinigen ..." sowie 3. Brief: Hier stellt Schiller dem physischen den moralischen Menschen als Polarität gegenüber und meint, „... es käme darauf an, jenen von der Materie etwas weiter zu entfernen, diesen ihr etwas näher zu bringen, um einen dritten Charakter zu erzeugen, der, mit jenen beiden verwandt, von der Herrschaft bloßer Kräfte zu der Herrschaft der Gesetze einen Übergang bahnte und, ohne den moralischen Charakter an seiner Entwicklung zu verhindern, vielmehr zu einem sinnlichen Pfand der unsichtbaren Sittlichkeit diente."
33) artinwords.de/joseph-beuys/
34) https://www.arthelps.de/pages/vision
35) https://he-institute.ch/das-psychologische-konzept-menschlichen-handelns/
36) statista.com Umfrage zu: Interesse an Kunst und Kultur
37) Arte Doku Dürre in Europa, 21.7.22
38) srf.ch vom 14.9.2020
39) unser-zukunftsrevier.de. – Zitat von Einstein
40) https://docs.google.com/document/d/1rsSFzf8P8-T_carLwjxhR_PVp2-Jib4RRYcLdsM1x8c/edit
41) https://www.lustat.ch/monitoring/sozialindikatoren/lebensformen-soziale-netze/einsamkeit
42) https://xn--zuhr-kiosk-gcb.de/gesellig e-baenke/

43) https://www.thur.de/philo/hegel/elefant.htm
44) gewaltfrei.at/marshall-b-rosenberg
45) Gopal Norbert Klein: Der Vagusschlüssel zur Traumaheilung – Wie ehrliches Mitteilen unser Nervensystem reguliert, S. 106
46) https://www.betterplace.org/de/projects/36455-palaestinenser-israelis-und-internationale-fuer-gesellschaftlichen-wandel
47) dm.werteprojekte.de/interview-mit-dr-marshall-rosenberg/
48) sein.de/gewaltfreie-kommunikation-gfk-in-palaestina-israel/
49) https://journalistikon.de/echokammer/
50) Th. Gordon: Familienkonferenz 1972, S.187: „Konflikte werden bewältigt, ohne dass einer dabei siegt oder einer unterliegt.Beide siegen, weil die Lösung für beide annehmbar sein muss."
51) https://hekaya.de/fabeln/die-sonne-und-der-wind--herder_1.html
52) https://www.zukunftsinstitut.de/artikel/gerald-huether-wer-ein-bewusstsein-seiner-eigenen-wuerde-entwickelt-hat-ist-nicht-mehr-verführbar
53) scinexx.de/dossierartikel/gespiegelte-gefuehlsregungen/
54) https://www.fr.de/wissen/tanzen-trainiert-muskeln-gehirn-zuschauer-11381125.html
55) siehe Joachim Bauer: Warum ich fühle, was du fühlst – S. 66; siehe aber auch S. 59: Hier beschreibt Bauer im 3. Kapitel, wie wichtig es ist, dass ein Kind sich in die Welt hinein spiegeln kann. Kinder brauchen dazu geeignete Bezugspersonen, die selbst spiegeln können. Sonst verkümmern ihre Spiegelneurone. „Zu den beliebten Irrtümern unserer Zeit gehört die verbreitete Meinung, der wesentliche Schlüssel zum Gelingen unserer Entwicklung sei ausschließlich in den Genen zu suchen. Tatsächlich haben Beziehungserfahrungen und Lebensstile, die immer auch mit einer Aktivierung

neurobiologischer Systeme einhergehen, einen gewaltigen Einfluss sowohl auf die Regulation der Genaktivität als auch auf Mikrostrukturen unseres Gehirns. Nirgendwo zeigt sich so deutlich wie bei den Spiegelsystemen, welche Bedeutung zwischenmenschliche Beziehungen für die Biologie unseres Körpers haben."

56) https://gutezitate.com/zitat/141089

57) siehe folgende wissenschaftliche Arbeit auf S. 8: https://www.institut-ipk.at/wp-content/uploads/2020/11/Plank-Monika_Selbstwert-und-Selbstdarstellung.pdf

58) https://www.montessori-material.de/blog/montessori-paedagogik/polarisation-der-aufmerksamkeit

59) siehe: https://www.kita-fachtexte.de/fileadmin/Redaktion/Publikationen/KiTaFT_kirschke_hoermann_2014.pdf S. 5–6 sowie S. 4–5: „Erlebt das Kind, dass auf seine Bedürfnisäußerung eine entsprechende Antwort in Form von elterlicher Fürsorgereaktion folgt, wird es sich in bindungsrelevanten Momenten ebenfalls an diese Person(en) richten. Es nimmt unbewusst an, wieder dieselbe positive Bedürfnisbefriedigung zu erfahren. Erlebt die fürsorgliche Person, dass sie positiv z. B. beruhigend auf das Kind wirken kann, reagiert diese immer selbstbewusster auf das Bindungsverhalten des Kindes. Wiederholen sich diese positiven Interaktionen zwischen Eltern und Kind, werden Eltern nach und nach zur sicheren Bindungsperson für das Kind und eine vertrauensvolle Beziehung zwischen Eltern und Kind entsteht."

60) Interview 1980 youtube

61) Bruno Bettelheim: Kinder brauchen Märchen 1997, Einleitung

62) James Krüss: https://www.friedrich-verlag.de/grundschule/deutsch/lesen/hoerst-du-wie-die-flammen-fluestern-6253

63) siehe: „Kindern das Denken wieder angewöhnen –
Arbeiten mit offenen Sachaufgaben im Rahmen von
Sinus-Transfer Grundschule" in Grundschulunterricht
2/2006, S. 33–34

64) https://www.backwinkel.de/blog/der-sokratische-dialog-
im-unterricht/

65) Betty Edwards: Garantiert zeichnen lernen 2014

66) „Kinder fordern uns heraus" R. Dreikurs und V. Soltz,
2002, S. 316

67) siehe: Pädagogik 5/03 "Selbstgesteuertes Lernen der
Schüler – Fahren ohne Führerschein?" S. 7 und 8

Teil 3

68) Treffen im Dreikönigenhaus des ISSO-Instituts in
Koblenz idw-online.de-news698993, 5.7.2018

69) https://kreativ-sein.org/ueber-uns/thesen/Die 12 Thesen
der DGfK im Überblick:

- Jeder Mensch hat kreative Fähigkeiten; sie sind in Art
  und Ausmaß unterschiedlich.

- In der Kindheit ist die kreative Begabung zumeist am
  größten, später wird sie zunehmend verdrängt.

- Kreativität baut auf Wissen, Erfahrungen und Verständnis auf – sei der Zugang bewusst oder unbewusst.

- Angst und fehlende Freiräume können die Kreativität
  stark hemmen. Sie entfaltet sich vielmehr bei geistiger
  Offenheit und Mut zu Veränderungen.

- Kreativität ist entwicklungsfähig und kann durch Ein-
  sicht, Erleben und Üben wie jede Fähigkeit gefördert
  werden.

- Aus der Auseinandersetzung mit anderen Wissens-
  und Erfahrungsfeldern entstehen meist originellere
  und weiterführende Ansätze als durch weitere fachliche Vertiefung im engen Problemfeld

- Die kreativen Fähigkeiten werden in einer konstruktiven Gruppe angeregt und verstärkt.
- Durch Kreativitätstechniken lassen sich Anzahl, Originalität und Qualität der Ideen deutlich erhöhen.

70) Siehe: adobe-newsroom.de/2018/02/19/adobe-studie-kreative-problemloesungskompetenz sowie: cancom.info/2018/05/kreativitaet-an-schulen-das-muss-bei-der-foerderung-beruecksichtigt-werden
71) https://www.fortomorrow.eu/de/post/earth-overshoot-day?mtm_campaign=google-ads-overshoot-day&gclid=Cj0KCQjw06-oBhC6ARIsA Der Overshoot Day wird am Verbrauch der Biokapazität der Erde bemessen. Er setzt jedes Jahr früher ein: „Die Biokapazität der Erde ist die Fähigkeit des Planeten, erneuerbare Ressourcen zu produzieren und Abfälle zu absorbieren. Sie wird ebenfalls in globalen Hektar gemessen und umfasst Ressourcen wie Ackerland, Weideland, Fischgründe und Wälder. Die Biokapazität wird regional und global erfasst, um festzustellen, wieviel nachhaltige Ressourcenproduktion und Abfallabsorption möglich ist."
72) tk.de: zehn nackte tatsachen
73) siehe unter: gerald-huether.de
74) https://akademiefuerpotentialentfaltung.org/anliegen/
75) https://digitaleneuordnung.de/blog/design-thinking-methode/
76) https://www.goethe.de/prj/hum/de/dos/bau/21394277.html
77) https://www.smow.de/blog/2014/03/smow-blog-designkalender-1-marz-1896-%E2%80%93-louis-h-sullivan-pragt-den-ausdruck-form-folgt-funktion
78) https://beruhmte-zitate.de/zitate/1976186-walter-gropius-nur-vollkommene-harmonie-in-der-technischen-zweck/
79) https://www.buergerschaffenwissen.de/?gclid=CjwKCAjwyqWkBhBMEiwAp2yUFq4YvQt_YXfYHHcC5EgocLqc38Ltf__t_mt_s2vY0YkL82

80) https://www.goethe.de/ins/fr/de/kul/dos/beu/
22222261.html
81) https://de.statista.com/statistik/daten/studie/538329/
umfrage/koerperliche-beschwerden-in-abhaengigkeit-
vom-bewegungsgrad-bei-der-arb
82) https://www.unibas.ch/de/Aktuell/Uni-Nova/Uni-
Nova-119/Uni-Nova-119-Gesundheit.html
83) https://www.mpg.de/11396064/epigenetik-vererbung
84) Joachim Bauer: Das Gedächtnis des Körpers, siehe 3.
Kapitel: Gene sind keine Autisten
85) https: https://www.biologie.uni-muenchen.de/studium/
lehrerbildung_lmu/downloads/planetwissen.pdf S. 3
86) https://www.aerzteblatt.de/archiv/61051/
Neuroplastizitaet-auch-bei-Senioren
87) https://juttaheller.de/resilienz/resilienz-abc/forschung-
zu-resilienz/
88) https://beruhmte-zitate.de/zitate/1952278-max-planck-
als-physiker-der-sein-ganzes-leben-der-nuchternen/
89) https://gedankenwelt.de/7-zitate-von-piaget-ueber-die-
kindheit-und-das-lernen/
90) https://www.deutschlandfunkkultur.de/erhoehte-
lernbereitschaft-100.html
91) siehe: https://www.krea-dachverband.de/Dachverband
Kreativitätspädagogik e. V.

HERZ FÜR AUTOREN A HEART FOR AUTHORS À L'ÉCOUTE DES AUTEURS MIA KAPΔIA ΓIA ΣYΓΓPA
HJÄRTA FÖR FÖRFATTARE UN CORAZÓN POR LOS AUTORES YAZARLARIMIZA GÖNÜL VERELIM SZÍV
CUORE PER AUTORI ET HJERTE FOR FORFATTERE EEN HART VOOR SCHRIJVERS TEMOS OS AUTOR
HERZÖINKÉRT SERCE DLA AUTORÓW EIN HERZ FÜR AUTOREN A HEART FOR AUTHORS À L'ÉCOUT
CORAÇÃO BCEЙ ДУШОЙ K ABTOPAM ETT HJÄRTA FÖR FÖRFATTARE Á LA ESCUCHA DE LOS AUTOR
AUTEURS MIA KAPΔIÁ ΓIA ΣYΓΓPAΦEIΣ UN CUORE PER AUTORI ET HJERTE FOR FORFATTERE EEN H
YAZARLARIMIZ... ...ERZÖINKÉRT SERCE DLA AUTORÓW EIN HERZ FÜR
SCHRIJVERS TEMOS OS A... ...ORAÇÃO BCEЙ ДУШОЙ K ABTOPAM ETT HJÄRTA FÖR

Der Autor

Martin Fährmann wurde 1959 in Berlin geboren. Nach dem Abitur am Gymnasium in Berlin-Zehlendorf absolvierte er ein Schulmusikstudium in Berlin, eine Waldorflehrerausbildung in Stuttgart und das Studium der Sonderpädagogik in Reutlingen.

Bis 1995 war er als Klassen- und Musiklehrer in Hamburg tätig. Danach folgte ein Umzug auf die Schwäbische Alb, wo er als Instrumentallehrer und Musiker bis 2006 tätig war. Es folgte eine Tätigkeit als Sonderschullehrer an einer Erziehungshilfeschule bis 2014, danach eine Tätigkeit als diplomierter schulischer Heilpädagoge in der Schweiz an einer Primarschule.

Zu seinen Lieblingsaktivitäten zählt alles Kreative, insbesondere Musik machen und Zeichnen. Fährmann betreibt Outdoor-Sport, spielt Klavier und Gitarre und komponiert und dichtet gern. Seinen schriftstellerischen Werdegang begann er als Student mit dem Verfassen von Kurzgeschichten.